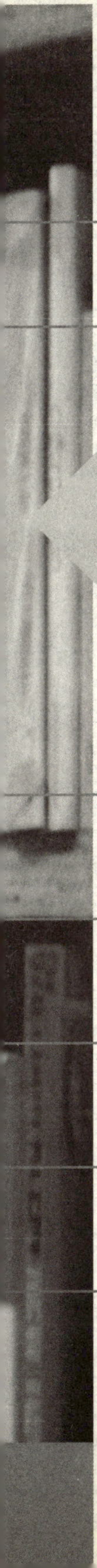

PRINCIPAL

wisdom

首都校长教育智慧库

我的管理三论

韩华明 著

北京日报报业集团
同心出版社

图书在版编目（CIP）数据

我的管理三论 / 韩华明著. -- 北京 ：同心出版社,
2012.2
（首都校长教育智慧库）
ISBN 978-7-5477-0426-4

Ⅰ. ①我… Ⅱ. ①韩… Ⅲ. ①中小学－学校管理－研究 Ⅳ. ①G637

中国版本图书馆 CIP 数据核字(2012)第 022927 号

我的管理三论

出版发行：同心出版社
地　　址：北京市东城区东单三条 8-16 号 东方广场东配楼四层
邮　　编：100005
电　　话：发行部：（010）65255876
　　　　　总编室：（010）65252135-8015
网　　址：www.bjd.com.cn/txcbs/
印　　刷：廊坊金盛源印务有限公司
经　　销：各地新华书店
版　　次：2012 年 5 月第 1 版
　　　　　2012 年 5 月第 1 次印刷
开　　本：787× 1092 1/16
印　　张：11.38
字　　数：162 千字
定　　价：25.80 元

《首都校长教育智慧库》编委会

《首都校长教育智慧库》发起校长（按姓氏笔画排列）

王　时　北京市第二十七中学校长
王　阔　北京市顺义区马坡第二小学校长
齐振军　北京市朝阳师范学校附属小学校长
刘卫红　北京小学通州分校校长
刘向东　北京市顺义区木林中心小学校长
刘显洋　北京小学丰台万年花城分校校长
兰永平　北京市昌平区第四中学校长
闫　伟　北京市海淀区永泰小学校长
纪世铭　北京钢铁学院附属中学校长
沙晓燕　北京市房山区良乡中心小学校长
李文凤　北京市史家小学通州分校校长
张兆宏　北京市通州区运河小学校长
张桂明　北京市大兴区团河小学校长
张富国　北京市第二实验小学大兴实验学校校长
吴晓波　北京市延庆县第一小学校长
杨　东　北京市通州区梨园镇中心小学校长
郝素梅　北京市大兴区黄村镇第一中心小学校长
段兰华　北京市丰台区实验小学校长
尉小珑　北京市西城外国语学校校长
高　淳　北京市东城区校尉小学校长
彭　藐　北京市东城区和平里第一小学校长
廖文胜　北京市光明小学校长

《首都校长教育智慧库》支持发起媒体

《北京日报》专刊部
《当代家庭教育报》
同心出版社

总 序

智慧塑造教育品质 责任彰显生命精彩

校长的教育智慧是校长学习、思考、反思、感悟的内化凝炼。它直接影响着一个学校教育品质的形成，同时也是校长开展好教育及学校各项教育教学工作的内在力量源泉。一直关注、关心首都教育并一直支持着《首都校长教育智慧库》组编工作的陶西平老师曾说，校长要静心思考教育。一方面，校长间要交流，通过交流，产生碰撞，促进思考；另一方面要加强反思，通过反思，系统梳理，提升思考。

近几年，在首都校长间流行着一种“微沙龙”。不同区县的校长，少则三、五人，多则八、九个，不定期相聚在一起，交流观点，互陈心得，倾心探讨，颇有收益。这其中，有教育智慧的碰撞，也有对学校管理工作的精辟见解，更有对解决教育中现实问题的真知灼见。言谈间展现了作为一名校长的责任感，展示了对促进教育发展的执着追求。参与微沙龙聚会的各位校长认为，这种“微沙龙”是促进校长成长的一个途径。校长们觉得，如果这些碰撞出的校长智慧能够留住，惠及更多的校长，会更有意义。于是汇编“校长智慧文库”的动议便呼之欲出。

这一动议很快得到了一些校长的积极反馈。段兰华、刘显洋、郝素梅、尉小珑、张兆宏、齐振军校长从不同角度提出了“智慧库”的整体构思，建议将文库的系列图书定名为《首都校长教育智慧库》。联合更多的校长参与，本着自发、自愿的原则，共同围绕落实“教育纲要”、践行“北京精神”做件实事，从成长、发展、创新的角度展示首都校长的智慧风采。

在2011年仲秋和2012年初冬，全程参与策划的李江先生分别与刘显洋校长、彭藐校长邀请北京市不同区县的17名中小学校长，在北京小学丰台万年花城分校和北京市东城区和平里第一小学召开了《首都校长教育智慧库》策划商讨会。刘显洋校长、彭藐校长作为东道主分别主持了商讨会。

会上，校长们就《首都校长教育智慧库》的编辑工作进行了充分讨论，大家一致认为：编辑《首都校长教育智慧库》是展示首都教育的平台，是首都校长思想智慧交流的平台，是促进校长专业发展的平台，有利于促进校长静心深入思考教育，梳理教育思想，总结办学思路，对落实《国家中长期教育改革和发展规划纲要》，促进首都教育的均衡发展、提升首都教育综合水平有着重要意义，还能够有效地树立首都北京的文化创新形象，也是校长心系学生发展、心系首都教育、心系纲要落实的具体创新行动。

会上，校长们就《首都校长教育智慧库》的组稿工作进行了充分讨论，确定了组织、内容、编辑等工作思路：

根据尉小珑校长的建议，将组织参编《首都校长教育智慧库》的过程，定位为“校长调动思想内存，全方位思考教育，服务教育的提升过程”。将校长多年以来对教育思考、实践进行梳理和总结。

根据齐振军校长“挖掘校长智慧”、“校长要自觉、自愿”的建议，将“热爱教育、善于思考；具有创新发展意识，重视学生成长、可持续发展”作为“入库”校长的基本条件。校长自发参与，更能体现校长对教育的热爱，更能体现校长的责任意识。

根据刘显洋校长“要体现首都特质”的建议，确定了“面向全市，定向邀请，自愿参与”的组稿原则，“入库”校长涵盖北京市16个区县，各区“入库”校长能体现本区的高水平，“全库”校长能体现首都教育的水平，最终要体现首都校长们的思考的智慧。

根据李文凤、张兆宏、张桂明、杨东、刘显洋、闫伟等校长建议，确定了书稿内容要求。即全书内容要突出“四性”：独特性、实践性、实用性、前瞻性；具体内容要突出“三鲜”：鲜活、鲜明、鲜实；观点、案例要立足“二本”：本校、本人；所有内容围绕“一心”：促进教育发展为中心，体现校长的最高教育智慧。

根据郝素梅校长的“要严格保证科学性”、“要把好审读关”的建议，确定了“先读后编”原则。即所有稿件先由二位以上校长作“第一读者”，之后再进入编辑程序。把编辑过程当作交流、提升的过程。进一步完善了编辑思路。会后，根据推荐和自荐的原则组成了以现任校长为主体的《首都校长教育智慧库》编辑委员会。

编委会就相关出版事宜与同心出版社进行了沟通，得到了出版社的赞赏和支持，专门成立了编辑组，并将《首都校长教育智慧库》列为同心出版社重点图书选题，根据出版社建议，郝素梅、李文凤、刘显洋校长撰写推荐函，推荐申报北京市重点图书选题。

《首都校长教育智慧库》的起点，源于首都校长的智慧；《首都校长教育智慧库》构思的完善，受益于首都校长的智慧；《首都校长教育智慧库》的出版，体现的是校长教育智慧的升华。将会展现首都更多校长的智慧和他们心系学生成长，献身教育事业的风采。

真诚地期望《首都校长教育智慧库》能为首都教育的发展出点力，能对广大校长朋友的专业成长有所帮助。

《首都校长教育智慧库》编委会

2012年5月

自序

我欣赏一种状态，叫“澹定从容”。

社会很热闹，教育这行也很热闹。能够不受诱惑，不受外界左右，很不容易。这就需要校长有一种定力。

我所有工作的出发点，就是对学生的发展负责，对教师的发展负责，对学校的发展负责。

因此我办的学校看上去不热闹，不善于冒尖，也不追求急功近利。只盯着“发展”，无声无息的去做。

我喜欢一种追求,叫 “上善若水”。

“仁者乐山,智者乐水”。我虽不是智者,但喜欢水。

学校文化，我追求如水般和谐。教书育人，我追求如水般浸润。管理之法，我追求如水之蓄势、如水之韧性。我特请通州著名书法家张源先生手书“上善若水”四个字，悬于办公室，时时以之自警、自勉。

本书是我任校长十几年来思考和实践的轨迹，其中《教育散论》是我对教育的思考，《教育散记》《教育言论》《教育诗文》是我工作的记述，《枫叶下的沉思》是我学习的记录，《我的管理三论》则是我重点工作的心得。

我把理想定位为做一个“学者型的校长”。我渴慕中国教育史上先贤的风范：心怀教育救国之理想，奋发踔厉，桃李满天下。“高山仰止，景行行止。虽不能至，心向往之。”

目录

第2辑 教育散论

第3辑 教育散记

第1辑 我的管理三论

导读

转眼间做校长十多年了。摸爬滚打中，逐步摸索到了管理学校要恪守的一些内容，我选了最重要的三个方面，即“和”、“人”、“点”。为什么是只选三个？道家说“一生二，二生三，三生万物”，有了这三个方面，其他方面可以“生”了。物理学告诉我们：三个支点最为稳当。这三方面我戏称为“我的管理三论”。

说来可笑，“三论”确实是我工作所得，所以我敢称为“我的管理三论”。我悟到这些时感觉到自己似乎有些灵性。翻回头来一想，这些内容似乎我们在学习教育管理时都学过的。可能是“纸上得来终觉浅，绝知此事要躬行”吧。敬请读者带着这种笑意，看看我是如何思考和实践的。

作者工作中

参加少先队活动

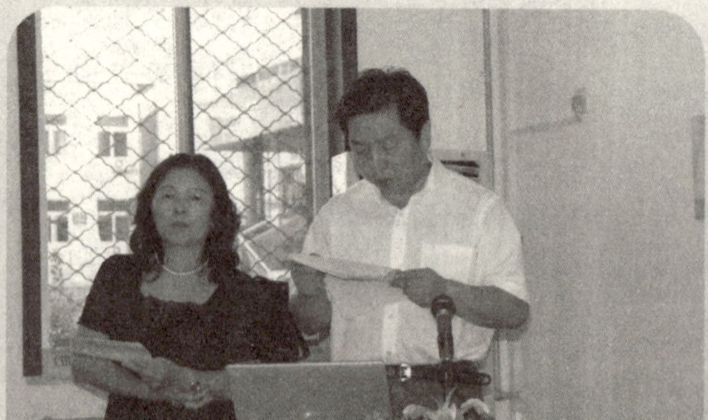

12届中美教育论坛

总 论

“一个好校长，就是一所好学校。”这句话强调的是校长在学校中的重要性。校长需要承担的内容很多：国家的方针政策、上级的指示精神、社会和家长对学校的要求、教师、学生对学校的诉求，所有这些都需要校长分析综合之后变成学校的工作。当上上下下都需要“好学校”时，“好校长”的担子就格外重了。因为从上到下对于校长的要求有些是一致的，有些是有差异甚至是矛盾的。校长在勇于担当的同时，也要有自己的办学原则。我认为校长要办好学校，关键要重视“和”、“人”、“点”这样三方面重点工作。

第一“和”，是校长管理工作的核心。就教育的功能而言，教育就是促进和谐，包括促进社会和谐以及促进人的和谐发展，其他社会和谐发展才是科学的发展观，才是可持续发展的保障。同样一个学校也只有和谐，才能保证学校的可持续发展。

俗话说“家和万事兴”。这句俗语深刻地阐述了事业“兴”的重要条件是“和”。作为校长的首要任务是解决“和”的问题，这个意思我曾经在北京举办的12届中美教育论坛上，做过题为《校长是和谐校园的第一责任人》的发言，得到美国同行的赞赏。校长致力于“和”的工作可谓多矣，包括校长与班子之间、班子同仁之间、干群之间、教师之间、师生之间、学生之间、教师与家长之间、学校与领导与相关单位之间，甚至包括学校教师家属之间的“和”。多年的实践证明：“和”的程度，决定着“兴”的程度。

校园和谐了，才能保证教师和学生的和谐发展。

第二“人”，是实现教育目标完成教育任务的中心，这是教育的基本规律。我很欣赏一种对“领导”的定义是“领导是帮助别人成功的人”。由此可以引申为“校长是帮助教师和学生成功的人”。没有教师成功和成功的教师，学生就不可能成功。由此可以看出校长必须关注教师的成长和学生的成长。这就要求校长必须要“以人为本”。

第三“点”，是推进教育工作的重心。开展学校工作，工作重点必须明确，即所谓有的放矢。例如“水滴石穿”，水滴石穿这种现象能够形成，需要两个条件，一方面是要瞄准一个“点”去滴；另一个方面要持之以恒地滴。“清泉石上流”的水其实更大，但不会出现“穿石”的效果。也就是说在学校管理中要找到牵一发而动全身的“点”，对学生的素质教育也要找准影响学生素质的最重要的“点”。瞄准这些“点”持续不断地工作。

就教育的功能而言，校长应该以促“和”为核心，以利于完成学校的使命。就教育规律而言，校长在完成教育使命的过程中，必须以“人”为中心，即以教师的专业成长为本，以学生的全面发展为本。就方法论而言，校长必须以“点”作为工作重心，通过一点带动多点，以实现人的全面发展。

我在对这三个方面的论述中，不以论述的严密作为追求的目标，那是教育专家的事情。我认为校长是思考的实践者和实践的思考者，因此我是以实际操作并取得实效作为基本论证手段。

“和”——校长管理的核心

教育就是促进社会的和谐与人的和谐发展。学校就是一个小社会，学校的和谐对社会而言是一个小的单元，对于学生的和谐发展起着重要作用。

我作为校长，自然关注我的学校内部的和谐，尤其是人际关系的和谐。

我先后在三个学校任校长，其中一所是农村中心校，另两所是城镇小学。虽然这三所学校的规模、原有基础、教师构成不一样，但是我都是把学校的和谐作为头等大事来抓，并且常抓不懈。

学校可能是人际关系最复杂的群体之一了。有着人际关系层次多（校长和班子成员；班子成员和教师；班子成员之间；教师群体之间；教师与学生之间；学生之间；教师与家长之间等）；互动频繁（这些人都在一个校园内活动）；时间长（每天都要在一起至少8个小时，要在一起工作很多年）等特点，容易引发矛盾。同时教师现在的压力确实很大。教师的压力来自方方面面，包括：对工作环境、条件、要求的不适应；不善于处理各种类型人之间的关系；社会与家长的压力；挫折以后的消极心态；竞争带来的恐惧感等。

同事之间的“和”

“和”的工作中，首先是学校内部的“和”。一个和谐的教师团队，干部和教师以及教师之间彼此同舟共济、鱼水交融，是每一名教师都非常向往的人际环境。一个和谐的人际环境，能使教师繁重的工作负担在心理上得以缓解。

教师间的矛盾是校长不能回避的问题

由于教师工作的特点以及心理压力，使得教师之间关系会出现不和谐现象，有时矛盾会很突出。包括：校长和班子之间的矛盾；校长和教师之间的矛盾；班子成员之间的矛盾；教师群体之间的矛盾；领导群体和教师群体之间的矛盾。这诸多矛盾概括起来有两个特点：第一，这些矛盾校长都无法回避。因为与校长直接相关的矛盾校长自然无法回避；与校长无关的矛盾，校长如果回避，经过一段时间延迟之后，教师会认为校长不作为，也会变成和校长的矛盾。第二，很少有本质矛盾。大都是非本质的，细小琐碎的。这些矛盾可以说在任何一所学校里都可能出现，它像飘在空气中的病毒，侵蚀着健康的肌体。

面对矛盾，如果不想办法化解，就会影响集体的和谐。一个集体人际关系不和谐必然造成内耗，影响教师的工作积极性，影响工作效果。因此,校长应该把教师之间“和谐”作为重要工作。

校长是“和谐校园”的航标灯

我常思考这样一个问题:学校和谐的根本因素是什么?我个人认为人的因素是第一位的。人的思想观念中有了对和谐的自觉追求，有了对和谐的自觉维护，和谐的局面就有了保障。如果说和谐的第一位因素是人的因素，那么校长就是第一位因素中的重中之重。如果校长能够自觉地维护学校的和谐，学校的人际关系和谐就有了前提条件。我有一个“个人之见”：一所学校乱了，肯定是校长自己乱了。可能是自己的思维乱了，也可能是自己的行为乱了，也就是“自乱阵脚”。

校长是最基层的领导者，和教师的工作生活最贴近，和老师的接触最频繁。老师对校长是否服气，是老师是否乐于服从管理的重要条件。常见到这种现象：有的学校校长很少使用权力，但教师都很自觉。有的学校校长每天严加看管，学校还是不时出现纰漏。

校长的学校管理能力是首要因素。校长的管理能力、决策水平，得到老师的认同、信任，才可能发挥影响力。而得到认同信任，是以校长的“表现”作基础的。当校长有条不紊地提出自己的办学目标，拿出了切实可行的方法，校长的一系列决策显示出了领导的政策水平、处事能力，这样的领导能够获得教师的尊重。尊重领导也就尊重了领导的指挥。在做重大决策时，应不厌其烦地向老师讲为什么要这样，使教师不是简单的执行，而是知道为什么要执行。这样既可以提高教师执行的自觉性，也能使教师认同决策的科学性，从而认同校长的决策水平。

校长视野的开阔性、兴趣的广泛性起着举足轻重的作用。学校是讲究文化品位的场所，作为学校的最高领导，文化品位自然要求相对要高。“胸有诗书品自高”。先进的管理理念，管理方法，先进的教育理论，这是指导学校工作的必备知识，拥有这些知识只是解决了让老师“看得起”。校长对哲学、文学、美学等领域的知识面，更能赢得教师的“服气”。宽广的视野，广博的知识，广泛的兴趣爱好，高尚的文化品位，既可以很容易地拉紧和教师的距离，也容易建立自身的威信。平时和教师打打球，下下棋，聊聊时事政治，聊聊文学艺术，在接触和对话中最能反映一个人的内涵修养。而这些是教师非常看重的内容。

校长能够用自身的魅力赢得教师的尊重，教师对校长的领导就会由被动服从变为主动跟从。校长就像航标灯一样，引导老师和谐相处，心情舒畅地工作。这是校长应该追求的最高领导境界。

学校制度是“校园和谐”的稳定器

有的理论家通过“和谐”这两个字的构成来说明和谐的条件：人人有饭吃；人人有发言的权利。在学校里，我认为和谐的本质条件是公平和正义。而要保证在学校内的公平和正义，就必须建立起完备的学校制度，这里有两个要素：建立制度要体现学校的特点；制度要得到有效的尊重和执行。

学校的制度建设的目的是把学校建成一个学校。学校制度不同于企业，不同于军队，更不同于监狱，它应该体现学校的特点。建立对教师的管理制度就要考虑教师的特点。教师劳动的特点：弹性强，独立性强，不易监测，属于良心活儿。学生质量的特点：无法量化。学生质量不是教师的评语，不是分数单，也不是在短时间内能看出来的。

教师的劳动不是凭借严格管理就能做好的。外在的约束性对教师的劳动所起的作用微乎其微。如果制度定得不合理，例如用分数排队的办法，往往破坏性巨大，把本来想对学生全面负责的人的积极性都打消了。学校的制度应该倾向于激发教师的工作积极性，主动性。激发教师的职业道德意识、责任意识、工作热情。因此，学校对教师工作的制度建设应紧紧围绕发挥教师主体意识进行；对教师的管理应紧紧围绕培养教师的思想进行。操作程序不宜定得过细，而是把主要精力放在营造积极向上的校园文化，努力超越自我的个人追求上。必要的约束性制度一方面要有刚性的底线要求，同时要兼顾温暖人心的、充满人情味的制度精神层面体现。

我们对教师的规章制度主要突出以下四个方面：自我发展制度；自我约束制度；学校奖励制度；学校考勤制度等。自我发展制度、自我约束制度有经过教师认可的标准。在教师充分讨论的基础上，确定标准，然后以承诺的形式固定下来。学校在执行制度过程中重在帮助和提醒。奖励制度为了起到导向作用，重点放在设综合奖励，如班主任工作奖，教学成果奖，科研奖。不设单项奖，因为单项奖过多会把老师导向片面。考勤制度有刚性的一面，如无故迟到、早退。也有柔性的一面，如事假、病假。执行制度也是要充分体现学校的特点，体现人情味。

有些制度故意做得轻松。例如我校为了规范教师在平时中的小毛病，起草了《应该改掉的N个小毛病》。题目就尽量幽默，“N个……”是从青年人口中学的，表示多的意思。在罗列小毛病的时候，尽量使用人性化提示语，例如教师到电子备课室备课后，用过的椅子总忘了放回去，制度中这样写道：“用过的椅子应放回原处，您的举手之劳会给别人减少很多麻烦。”再例如针对教师之间沟通少，我们在制度中写道：“同事之间要多一些微笑。你需要别人的微笑，同样别人也需要。”这项制度实施后，效果比板着脸的制度一点也不差。

执行制度必须一视同仁。人心里平衡主要在于他感觉到了公平，在制度面前人人平等，就能体现这种公平。通过制度处理了一个人，并不能导致这个人心里失衡，只要在同样问题面前处理得不一致，就会让人心里失衡。

学校应该有一个简单明了的评价系统，评价的标准应该客观，按照每学期一次对教师进行实事求是的考评，奖优罚劣。评价最忌讳是老好人，因为努力工作者需要实事求是的评价。杰克·韦尔奇说：“应把好的业绩和奖赏紧密地联系起来。最令人灰心丧气的事情莫过于付出了艰苦的努力，达到或超过公司的期望以后，却发现自己的成就没有引起公司的重视，出色的人没有得到特别的奖励，或者大家都得到了同样的奖励。”

校长不能是“老好人”，要有坦诚对话的勇气。要保障学校的和谐，不能回避本质矛盾。教师作为一个群体，肯定也是良莠不齐的。人非圣人，都有杂七杂八的毛病，碰到合适的氛围，就要膨胀，就要做出对群体不利的事来。因此，在学校运行中，必须使每个人都明确游戏规则，让每个人都受到制度的保护和制约，唯有体制架构上的制约，和明确无误的处罚条例，才能产生学校的聚合力。诚然，管理要增加人情味。这是从管理方法而言，例如出现一种不良现象，批评两次，不如批评一次表扬一次。后者的效果至少不会比前者差。但对于已经实施的制度，必须体现其刚性的一面，做到奖惩分明。

同时在学校中倡导坦诚对话。虽然坦诚对话需要更多的勇气，但是没有坦诚对话，对个别违反纪律者姑息，是对大多数遵守纪律者的不公平；对乐于挑拨是非者纵容，学校的正气就不可能树立，就会出现干事的怕不干事的。对于个别人个别事，我在和老师面谈的时候直言不讳：“虽然你工作非常努力，但你这次违反了学校的纪律。”“你这样处理事是不对的。”“你的说话是不负责任的。”这样说了以后，往往能够用自己的坦诚赢得人心，同时对思想素质差的人能够产生一种震慑。

制度制定时考虑到了老师的特点和学校的特点，执行制度时一视同仁，坚决实施，就可以稳定学校教师的人心。

教师的“维和”意识是“校园和谐”的核心

我在学校里大力提倡每位教师要为学校和谐做出贡献，要做和谐的促进者，不做和谐的破坏者。让教师在思想中意识到校长对和谐的重视，意识到和谐的重要程度。教师之间有矛盾是难免的，但是当教师知道和谐的重要性，教师是有自觉维护的觉悟和通过妥协、沟通等方式解决问题的能力的。

经常教育教师，强化教师的角色意识，提高教师的精神境界，加强沟通，能够化解绝大多数矛盾。

教师的精神境界的高低，直接影响着教师对于矛盾的态度。精神境界低的人，会为小事斤斤计较。精神境界高的人，则会胸怀坦荡。作为校长要引导教师精神境界的追求目标。在工作中，应反复教育我们是知识分子，要达到知识分子的标准。强化教师的角色意识，引导教师用知识分子的标准去衡量自己的言行。对于一些非本质的矛盾，解决的时候非要辨别出谁是谁非很困难，即使分清了，也往往埋下矛盾再发生的种子。不去辨别谁是谁非，而把这些琐碎的矛盾通过提升教师的精神境界，强化教师的角色意识，使矛盾变得可笑，使矛盾变得不屑一顾，能起到四两拨千斤的效果。应该经常这样反问教师：教师应该这样看问题么？教师应该这样处理问题么？这是教师应该发生的矛盾么？

有很多矛盾是教师沟通不够造成的。教师之间在学校接触看起来多，由于他们的工作独立性很强，实质接触是很少的。教师的沟通渠道要自然畅通，沟通渠道畅通，会避免很多误解。孩子的悄悄话游戏形象地证明了信息渠道不畅，会使信息在小道消息的传播过程中产生信息失真。

力争为教师创造丰富多彩的学校文化生活，让教师在活动中增加接触。例如组织教师节日晚宴，在互相祝福中增加教师之间的感情；为学校年龄最大的教师组织生日PARTY，融洽老年教师和青年教师之间的关系等。

校长确保在校园里走动起来，每天要让教师能看到自己，有什么想法有机会及时和校长沟通。同时，不放过任何教师之间沟通的机会，例如学校例会或外出旅游，座位或房间的安排都不是自愿组合，都要进行设计，让平时接触较少的人坐在一起或住在一起，为教师创造沟通的条件和机会。

教师精神境界的提升和良好的沟通交流，能使教师的感情纽带得到更好的维系，关系更加融洽。

金点子

之一：直呼教师姓名是拉近关系的最好方法。经常亲切地喊出对方的名字是拉近距离的有效方法之一。一个刚认识不久的人，如果下次你再看到他，他能亲切地叫出你的名字，你一定很高兴，而且对他的好感会大增。同样，在他人心里，也会有这样的感觉。

初到一个学校,迅速叫出每一个教师的名字是校长的重要任务。我在初到南关小学时，对这项工作是像备课一样下了功夫的。我从学校档案室调出有教师照片的档案，然后对照照片记姓名。见到教师之后则主动叫出对方的名字。从教师的反应可以看出他们既惊奇又兴奋，迅速拉近了距离。

熟悉以后，我每次见到教师也是先呼姓名再打招呼。

之二：餐桌，是拉近距离的最好平台。组织班子家庭聚会。我不但力争把班子人员的关系协调好，而且我也力争把班子家庭成员之间的关系协调好。我感觉，班子的几个家庭的融合会使班子成员的和谐更稳定。因此我会定时发起或促成班子成员的家庭聚会。如果谁家有事，我也会带着班子其他人去帮忙。

教师化整为零聚会，比大兵团作战更有效果。全体教师的会餐，虽然也能够制造出祥和的气氛，但是远不如小范围聚餐。小范围的聚餐交流起来更深入，往往在餐桌上，更无拘无束一些。

之三：教师家里有事“三必到”。教师因病住院必到；教师家里有红白喜事必到；教师无法独立支撑的事必到。不但自己和班子必到，我还有时倡导其他教师也要去看看。“最困难时才见真正的友谊”。我就是想让我们的教师在最困难的时候，有校长、有同事在帮忙。我经常和老师说的一句话是：“作为校长如果老师遇到困难时，第一个想到的是我，那是多么的光荣。”

之四：平衡利益分配，让教师的希望和梦想得到满足。我们在谈到利益分配的时候，一贯提法是：个人利益服从集体利益，局部利益服从全局利益，眼前利益服从长远利益。诚然，这都是不错的。但这绝不能成为不顾个人利益、局部利益、眼前利益的借口。照顾集体利益、全局利益、长远利益的目的是什么？最终还是集体中的每个人受益。如果个人利益得不到应有的满足，挫伤了教职工的积极性，那么更会损伤集体利益、全局利益和长远利益。合适的做法是决策者应该掌握平衡的艺术，把握好个人与集体、局部与全局、近期和长远利益的关系。

之五：设立征询意见的长效机制，注意倾听教师的声音。在听取教师意见方面我们按自然年，上半年进行“一对十”谈话，就是每个班子成员要向十名教师征求意见，特别是征求那些可能对你有意见的教师意见。下半年新年前进行班子述职，教职工评议。“一对十”谈话和教职工评议都有记录。记得工会领导看了我们的记录，对我们的评价是：谈话开诚布公，评议真诚坦率。如果您只看我们的记录，肯定会认为我校干部教师的矛盾很深，因为里面有较多的批评意见；每个人的评价表上，也有很多表在某个人的评价要素下面选项“一般”或“较差”。但是如果您和教师去座谈，教师对班子的评价都很高。

这是我们推行坦诚对话的结果。我们向教师推行的对干部的评价理念是：一个人认识自己很难，而旁观者清，只要是出以公心，可以大胆提意见。我向班子人员推行的接受评价的理念是：要注意倾听教师的声音，要多一些诤友。同时我表示，我对教师的评价持参考态度，一个八面玲珑的干部不是好干部。由于评价者和被评价者没有过多的顾虑。使得我们能够随时了解到教师的真实心态。

之六：认真实施校务公开，让教师消除疑虑。工会领导看了我校的校务公开材料，评价我们是：这所学校是透明的。这个评价来源于我校的校务公开尤其是财务公开。在要求公开的内容中，我们非常重视财务公开。对于财务公开，我们一种形式是年末收支财务公开。每自然年末，我校对一年来的财务收支进行公开。公开到每项收入是什么、总计收入多少；支出都有哪些项，每项是多少；转入下一年度的资金是多少。分类细致，数字准确。

还有一种公开形式是平时的公开。例如为了提高教师的节约意识，我会顺便公开我校的某些支出。这里我以燃煤费一项进行说明：我校是自采暖单位，自己烧锅炉，我给教师算过一笔账，煤多少钱一吨，一冬要烧多少吨煤，燃煤开支就出来了。请两个司炉工，每个司炉工工资是多少，人员开支出来了。电机功率是多大，每天要开电机多长时间，耗电费用出来了。再加锅炉用水费，就能得到一冬需要的取暖费。甚至我们精确到了每天的取暖费要用去890元。这个数字每个老师都清楚。

校务公开，使教师们相信领导的公正，能达到其身正，不令而行的效果。

之七：建立教师的生活支持系统。教师在生活中难免遇到这样和那样的困难，遇到困难时就显示出教师的人际资源缺乏。在现阶段办任何事都需要熟人的时候，教师们往往感觉自己无助。一个好汉三个帮，任何人都是需要帮助的。学校设计一个人际资源共享系统，形成一人有困难，全体来帮忙的氛围。一个人的人际资源有限，但是一个集体的人际资源就非常多了。教师在互相帮助的过程中，会结下深厚的友谊。购火车票、联系医院床位、孩子安排工作等，都能在教师的生活支持系统中得到解决。

之八：建立教师工作的共享平台。为了提高教师的文化素养、专业技能，通过“崇尚共享”，挖掘和发挥团体力量，打造教师文化建立的平台。我们设计的共享途径包括：网上共享、读书报告会、经验交流会、论文答辩等。通过共享融洽了教师之间的关系。

教师与家长的“和”

学校、家庭、社会是学生成长的人文环境，特别是学校和家庭对孩子有着更加重要的影响。和谐的家校关系创造孩子成长的良好生态，有助于促进孩子的健康成长；不和谐的家校关系则破坏孩子成长的生态环境，会造成孩子身心发展的扭曲。因此校长应当把关注和谐家校关系当做自己重要的责任。

让教师寒心的故事时有发生

一个教师对我讲了这样一个事，他说自己非常喜欢孩子，确实是把学生当成自己的孩子一样的爱。他班里有一个调皮的小男孩，他也很喜欢的，但是一次因为那个男孩写作业非常乱，作为班主任，就请家长到校进行沟通。没想到那位家长直接进教室就打他的孩子。教师知道后立即制止，并把家长请到办公室。这位家长突然又把矛头对准了教师，说："你就是干这个的，我把孩子交给你，你就应该负责到底！我家长要会教育，要你们老师还有什么用?"同时还威胁这位教师："今天我就骂你了！你不敢对我的孩子怎么样，如果我发现你对我孩子不负责任，我就告你!"这件事后，那位教师对我说："我很寒心!"其他一些教师也觉得委屈。

激励教师努力工作的因素中，其中一个因素是"让老师进行换位思考，体会家长的期盼"。现在独生子女是多数，孩子是每个家庭的希望。台湾作家张晓风有一篇散文《我把孩子交给了你》，文中这样写道："现在，我把孩子交给了你(学校)，十几年后，你将给我怎样的一个青年……"读后令所有教师怦然心动。

然而，不是每个家长都能激发起教师的工作热情。教师和家长这对矛盾也有时会表现出来。校长有意识地促进教师和家长之间的和谐，也是重要的工作。

公说公有理，婆说婆有理

如何解决家长和教师之间的矛盾是一个有价值的课题。俗话说一个巴掌拍不响，教师与家长的沟通冲突，两方面都有责任。为了解决这种矛盾在家长方面，我们和近百位家长进行了调研，询问某些家长和教师发生冲突的原因，大致有以下几方面：

1. 生活压力大的原因。一些家长就说，"我们工作也很忙，没有时间照顾孩子。教师频繁地请家长，耽误了我们的工作"。"我们工作压力很大，我们卖菜，教师把我们请来了，我们的菜就没法卖，生鲜水产，蔬菜不新鲜了，没人买，我们就赔了"。"我们是小买卖，经不住赔，所以有时候我们就会心里着急，说话不好听"。

2. 学校、家庭教育责任不明的原因。一些家长认为把孩子送到学校，学习的事是学校负责，孩子吃饭花钱的事由家长负责。如果把学校负责的事推给家长，学校和教师就是不作为。

3. 信息了解不全的原因。学生之间发生矛盾，当发生激烈冲突的时候，需要家长的配合。往往这时候，孩子会把对自己有利的信息告诉家长，而掩饰了对自己不利的信息。甚至会编造谎话欺骗家长，这时家长会认为自己的孩子受了委屈。

4. 对教师的偏见。认为老师对学生严加管理是为了奖金，不是对孩子负责，而是把孩子当成追求高额奖金的工具。

5. 法律知识欠缺，维权不当。一些家长在社会中的自我权利得不到保障，于是产生了强烈的维权意识。又由于法律知识欠缺，对自己的权利和义务了解不全面，认为只要自己感觉到权利受损，就认为法律必将保护自己。造成自己的义务不完成也成了自己的权利。因此有些家长动辄就会说“我去告你!”

教师方面，我们组织了教师座谈会。整个座谈会成了“抱怨会”。

1. 抱怨家长文化素质低，承担不起来家教的责任；

2. 抱怨家长蛮不讲理，话都不会好好说，不尊重教师；

3. 抱怨家长不理解教师的辛苦和善意；

4. 抱怨现行的教育政策不给教师撑腰等等。

四点结论和三个相信

经过调查研究，我们得出四点结论：

1. 要解决沟通问题必须加强双方的了解。

2. 要消除彼此的误解必须强化换位思考的意识。

3. 要达到有效沟通，家长和教师必须都掌握一些沟通技巧。

4. 孩子的进步是沟通共同冲突的最有效办法。

经过讨论我们也得到三点共识

一是相信学校是能够承担教育主导者角色的。学校教育工作者的责任是引导家长确立合理的责任意识，将全面发展的教育目标与有效家庭教育意识进行无痕整合，针对学生的劳动能力、动手能力、创造能力、交往能力，以及对学生活泼开朗的性格、坚强有毅力的意志品格、助人为乐、团结向上的良好道德品质，创设良好的健康的教育场。

二是相信家长是愿意支持学校工作的。家长对孩子的教育产生负面影响，有些是学生家长的主观原因，而更多的是学生家长教育方法不当造成的。实践证明，学生家长支持学校对孩子进行教育。在教育孩子的问题上，学校和家长都想把孩子培养成才，因此家长对学校必然给予大力支持。

三是相信家长和学校的教育方向是能够一致的。教师与家长都是一个起点的同行人，对于学生发展的无限前景有着共同的期待目标，校内校外应该是一个整体性教育的思维圈。因此，教师的角色要定位于策划人、组织者、参与者……要善于引导教师和家长做同一雕塑的雕塑家，从塑造同一主体形象的不同侧面入手，从学生的心灵到头脑，从身体到品质，鼓励教师和家长同时做极为重要的一项工作。这项工作是没有对立的，只有互相依赖发展的主题。从同一个目标的期待与进行过程中，家长与教师对于自我教育资源的开发与利用，会扮演好支持者与学习者的角色，将自己同行的经验与感受及时地传递给学生，让他们感受到成长的无限生机与活力，充满对生命的热情向往，对美好生活的期待。

学校与家长“和”的途径

一是以学校为主导，畅通家校互动的渠道。首次要确立互动的有效载体，班主任是其中重要的人物，起着重要的作用。因为很多的家校互动活动要依托班主任有效地进行，同时与家长最近距离接触的依然是班主任。其次确立以学校为主导家校互动教育途径包括内隐式：针对全校家长普及公开的信件，对不同学生开展的信件家访，开放给家长阅读的自办家教小报，及时的电话、网络交流等。外显式：家教知识推广会，学生教育成果展示会、喜报，家校双方的定期与及时见面，家长到校参与校级、班级教育活动，校级、班级墙报、橱窗等宣传阵地主题信息的通报，学生节日、重大节假日、校庆的共同庆祝活动，教育成果或教育资源共享式内容，如全家福照片展，夸夸我家的孝星故事会等。

二是以学校为主导，统一家校教育内容。以学校为主导家校互动教育内容包括，长期普及性内容：对家长长期系列化进行的家教知识宣传，对主题教育活动的调研，校、班两级教育活动计划方案的公布，学校、班级、学生进步表彰的喜讯等。短期针对性内容：对家庭实践教育的指导与评价，对主题教育中家长参与活动的反馈，对不同年级段学生针对性的教育，包括一年级新生的入学适应指导，中年级学生的心理分化现象诊断，高年级男生吸烟现象的配合教育，青春期女生的家校互动教育等。渗透性主题教育内容：家校阵地良好学习生活习惯的培养，坚强意志品格的实践锻炼，家训家风的引导性构建，中国优秀价值观的渗透教育等。互动式资源共享内容：基于对学生研究基础上的成长信息交流，教育观念、方法的推介等。

三是以学校为主导，进行必要的制度化建设。家校协作教育机制不仅要成为纲领性的文件要求，更应该成为帮助学校提高道德教育实效性的法宝。对于信息化社会的飞速发展，学校和家庭都承担着前所未有的育人重任。学校为主导开发家庭教育资源，帮助家长教育子女的同时，也在进行自助。这是学校办学之路上自我发展的桥梁。架设一个稳定的、强健的家校沟通桥梁，需要坚实的制度保障。作为学校文化建设的一部分应该不断落实，并长期进行实践探索。比如：我校将家校协作教育机制的构建列为学校计划、德育主题教育计划、教学计划中落实。并长期系统地体现在学校“共享新城区教育”的办学理念中。

要在制度保障的同时，以科学发展观为指导，考虑到教育规律、家长的需求、开展活动的序列化、学生发展的时效性以及不断创新的活动途径等多种变量因素，进行自我更新观念，不断深入地探究教育目标的达成。例如我校的具体经验是：考虑到家长的工作时间等因素，每学期的外显性沟通途径不超过两次。考虑到学生自尊心的发展，高年级青春期教育要采取普及型宣讲，以及针对性个别家长指导等。

四是以学校为主导，有效开发适合本学校的教育资源。家长群体的教育水平等因素，是构成学校之间生源差别的重要原因。家校协作的标准以及要达成的教育目标的共识，都要根据本学校家长群体的事实分析，进行有针对性的定位，开展主题性的教育。否则，不从实际出发，对家长估计过高或过低，都会影响到家校互动的效果乃至德育的整体效果。所以，“一把钥匙开一把锁”依然是家校互动教育的良方。以学校为主导的家校沟通，一定要从本校实际出发，积极开展对家长需求的调研，以此为证，开展好对学生的研究。

因为考虑到本校家长大多数都从事小商品经营，对孩子的教育水平比较低，孩子的自理能力很强，但是因为没有家长的具体指导和要求，很散漫，家庭没有向心力。因此，通过教育活动引起家长对孩子成长的注意，以及让学生理解和帮助家长，让家庭和睦，家人关爱成为每个家庭的家风，成为学校教育的目标。通过假期实践体验，学生和家长彼此之间更加理解，对忙于生活与和谐家庭之间的构建关系更加清晰，很多家长都感慨孩子的变化，感谢学校让他们有机会真正看到了孩子的成长。

五是学校起主导作用，确立家校互动的发展愿景。很多家校协作不成功的实践表明，学校为主导的家校互动，因为学校与家长主观愿景的创设，学校和家长之间对彼此需求的不统一所导致的。这样的教训带给德育管理者深深的思考。一方面，对于教师队伍的建设，要进行有效引导培训，以及对家长参与活动进行合理评价；另一方面对于家长队伍的建设，要考虑到家长参与教育过程的渐进性，以及配合学校教育的付出与收益平衡的心理需求。

德育育人是一个隐性教育过程，其效果的累积性、迟效性，不是一朝一夕能够促成的。家庭与学校双方都应该关注这种隐性（无痕）影响，尤其是核心价值观的深刻延续。教师对家长的主导成功在于核心价值观的一致性和趋于一致性。这种心理认同从价值观内容上没有区别，但从教育方式和手法上却有天地之差。教师关注的是学生成为一个全面发展的人。家长在此基础上还要关注这个人能不能适应未来社会。教师的理想化境界和家长的务实需求经常会成为协作失败的导火索。

要想获得家校互动的成功，教师需要对家长做主导性的策划与积极的情感体验引导。教师必须从家长角度并帮助家长认识到：确立核心价值观的表现在于良好的习惯培养，摆脱负面道德价值观影响的因素取决于家长的榜样作用。没有家长配合的价值观教育是不深刻的，是没有实践温床的。教育效果不会回归到习惯培养上来。因此，学校要积极地引导教师关注家长的需求，给予家长合理具体的指导，让教师与家长从心灵上培养默契，从道德价值观标准上找到互动的基点，最终达成共识的目标与愿景。

金点子

引导教师关注家长的需求，给予家长合理的具体的指导，最终达到“和”的目的。

之一，让家长成长起来。有些学校家长的素质本来就很高，但大多数学校家长的素质并不高，协调起来有困难，学校要做深入细致的家长培养工作。我校在每一封家长邀请函上，都对家长到校的着装、言谈、吸烟、手机、对教职员工的态度、停放车辆的要求、参观到会的时间等，都要在“尊敬的家长朋友们”前提下，进行一次次细致、耐心、有重点的提示。经过学生口传、书信提示、活动后期反馈评价等过程，经过一段时间，我们家长文明礼仪素质提升了，表现为：不穿拖鞋进校门了；到校不吸烟了；不随便穿越操场了；不随意码放车辆了；家长会不随便离席或迟到了；参观场所有礼貌不高声交谈了；赶上升旗仪式会主动站立行礼了等。家长素质的提高，促进了家校的“和”。

之二，引导家长参与德育。教师和家长对学生的关注多数是一致的，但也有较多的矛盾之处，教师的理想化境界和家长的务实需求经常会成为协作失败的导火索。要想获得家校互动的成功，教师需要对家长做主导性的策划与积极的情感体验引导。学生在不同年龄段有生理心理发展的特点，学校针对这些特点要采取的教育方法，针对心理品质养成与习惯培养要进行的活动，我们都及时地与家长取得联系，以信件、博客、家长会等形式告知家长成长规律。邀请家长现场观摩教育活动课，并结合自己成长经历进行指导性、评价性的发言。在高年级学生的青春期教育课前，在六年级毕业生离校之前，我们有专门的家长调研、家长指导会，告诉家长关注孩子生理与心理的变化，密切亲子关系。活动中的家长参与，通过邀请家长参加“爸爸的眼泪”、“妈妈的爱”、“我爱父母我爱家”等主题班队会，让学生充分地感知父母的生活艰辛，理解父母。我们建立了两个家校访谈室，专门为个别学生家长的来访提供更私密的交谈空间。

之三，引导家长参与教学。很多学校家长参与教学活动只限于使用，而没有立足于培养。家校协作能不能更深入地走进学校的各个层面，让教师不再疲惫地单独应对学生的学习，让学校的生命力——教学质量能够稳步上升。我校确立的家校协作教学工作管理策略：找准有效教学的需求点，以教师需求为主导，引领家长围绕课堂教学与学生思维发展需求，合理地进行角色分工，协助教师管理训练强化学生思维与习惯。我们的实践流程是：第一步，通过多种途径对家长进行参与教学管理的前期调研，调研的内容有：对教学方面的需求、建议与意见；能否为班级或学校提供自己的教学资源；优秀的学习习惯培养方法；怎样指导孩子写作业、读书、背单词、写作文；对本年级孩子的成长出现的困惑。第二步，对教师的调研：包括教师需要家长为自己的教学提供帮助的调研；教师可以提供的家庭指导教学的方法与需求；学科教学方面或学习习惯方面的具体要求；对家长培养孩子有效学习方法的指导。第三步，学校管理方面整理家长与教师的需求共同点、集中点，帮助教师与家长梳理分析最需要解决的问题，通过不同的方式，引领教师为主导，家长为辅导，共同解决学生出现的问题。这一协作形式应用于“完成家庭作业”的尝试。另外，邀请家长参与课堂教学，教师通过以身示范的演示，让家长充分地理解教师的要求，明白自己在家庭中应该做什么、怎样做，知道培养孩子及时完成作业的重要性。

之四：为了家校沟通顺畅，丰富沟通方法：

1.“一杯茶”法。家长到校后，不忙沟通，先给家长沏一杯茶，往往这一杯茶就能缓和气氛。

2.“一分为二法”，和家长沟通学生的基本情况，优点和缺点分开说，优点说足，缺点说准。

3.“从一般到特殊法”。先和家长介绍全班学生情况，然后再和家长谈他的孩子情况，使家长明确自己孩子在整个集体中的不足。

4.“寄予希望法”。通过教师的沟通，让家长对孩子充满希望。

在解决家校“和”的问题，首先要解决意识问题，让家长有兴趣参与；其次要解决方法问题，学会参与；第三是内容问题，即在哪些方面参与。其实学校的目标、老师的目标、家长的目标是一致的，都是把孩子培养成才。在目标一致的前提下，学校老师和家长没有利害冲突，有着广泛的“和”的基础。

学生之间的“和”

与人和谐相处是教育的重要内容之一，特别是独生子女更加应该重视学生之间和谐相处的能力培养。我所工作的学校的另一个特点是因为流动人口的增加，流动人口子女与本地学生的“和”更成为一个令人瞩目的问题。

一个转学生让我联想到契诃夫笔下的“凡卡”

一个安徽的小女孩，在我校的五年级借读一年后因为学校的原因转走了。这个小女孩的转出，给我校师生造成了强烈的震撼。我还记得她转入我校时那种兴奋的表情。她看了我校漂亮的楼房、现代化的教学设备和优美的校园环境，连连说：“北京真好，这里比我们老家的学校好多了。”没想到，这个小女孩只在我校借读了一年，就转回老家去了。她母亲带着孩子和我告别时说：“这个孩子在家里总是三好生，今年因为在这里借读，不能评三好生了，孩子受不了，执意要转学。”我问小女孩：“三好生对你就那么重要吗？”小女孩点点头。我问还有其他原因吗？小女孩含着泪说：“你们看不起我们！”

“谁？”

“都有！”

女孩的妈妈看着孩子不礼貌了，赶紧拉着孩子告别走了。

这件事对我触动很大，因为我对借读生确实没有任何偏见，并对他们抱有深深的爱。我校只要班额不超编，凡是想转到我校的借读生，我都接收。为什么会给孩子造成这种感觉？这个包括了我的“你们”，促使我对借读生这一团体进行了认真的观察和思索。我联想到契诃夫有一篇脍炙人口的名篇《凡卡》，小凡卡是在俄罗斯城市化进程中，随着流动潮进入大城市的。在他进入大城市以后，遭遇到了老板的欺侮，大城市人的白眼，加上超强度的劳累，使他产生了对家乡的眷恋，对亲人的思念，对大城市的反叛，对社会的仇恨。凡卡的这种遭遇和心理，打工子女的身上是否有体现？这些孩子生在偏僻落后的农村，来到大城市，他们在城市里看到了什么，感受到了什么，将决定他们的心理和努力的方向。

一份关于学生“和”的问卷调查

为了分析打工子女和本地学生团体疏离的相关因素，我们设计了调查问卷，并随机抽取了本地生和流动人口子女各100人，根据不同年级、不同家庭背景、不同经济收入家庭子女进行调查。同时以“我与北京”为题，组织本地学生和打工子女写同题作文。经过一系列的调查和统计分析，得出如下结论：

打工子女和本地学生融合程度与家庭收入成正相关。家庭收入与本地学生相近，则融合程度高；收入差别越大，疏离越严重。我们经过座谈调查发现，家庭收入的高低与孩子家长的教育有直接关系。本来6至12岁的孩子对家庭收入并不敏感，在他们幼小的心里，还没有贫富差距的概念。但由于打工者的自卑心理，不当的教育方式，给孩子造成强烈的心理暗示，从而形成孩子的自卑和人格猥琐。

打工子女与本地生融合程度与年龄成负相关。打工子女与本地学生团体疏离，随着年级的增高而增高，小学的1—2年级基本没有疏离现象，到中高年级开始出现，且随着年级增高而加大。

打工子女与本地生融合程度与学生的公平感正相关。打工子女当感觉到学校社会对他们是公平的，这些学生和本地学生融合程度高；越感觉到不公平，疏离越严重。高年级女生，因为她们的敏感，在小学阶段，疏离感是最严重的。在社会公平感中，学校对这些学生是否公平是打工子女关注的焦点，体验最深刻，对他们的影响最大。

这一调查分析结果使我们认识到：形成打工子女与本地学生两个群体疏离的原因，概括起来可以分为家庭原因、社会原因、教育系统以及学校原因三个方面。

1. 打工子女家庭社会地位低下、家长教育不当，是造成与本地生团体疏离的直接原因。打工子女家庭和对孩子的教育有以下特点：

从业特点：打工子女的家庭从业，主要的有个体经营的小买卖，例如卖蔬菜水果小食品，卖价廉的服装。这个群体具有关统计占流动人口总数的一半多一些。有些手艺的主要是从事低档的家庭装修或路边卖早点。更有一些是到城市来只能出卖劳动力，如收废品、保洁员或建筑工地的工人。他们没有资本，从事的多是利润不高、辛苦、本地人不想干的工作。投资少，风险小，收益低。但是他们的工作强度大，工作时间长，无暇也无精力照顾孩子。

文化水平特点：这一打工群体文化不高，基本是属于文盲群体。据我们调查，小学毕业的不足20%，初中毕业的不足5%，高中毕业的几乎等于零。他们的文化水平也无法辅导孩子，对孩子的教育水平很低。

居住环境特点：打工子女的家庭大多居住在城乡结合部的平房区，简陋、拥挤。这里的本地居民大都在更好的位置买了楼房，把闲置的平房以较低的价格租给打工群体。房屋大都是旧有的拥挤的住宅，为了得到最大房屋收益，往往一个小院要租给若干个家庭，房屋低矮拥挤，为了节约房租，打工家庭一家几口挤在一两间房里，学生基本没有在家学习的条件。

生活水平特点：虽然从事的是繁重的劳动，但是收益没有保障，属于社会中的低收入群体。做小买卖的，收益极低，从事出卖劳动力的行业者，工资很少能够按时发放。虽然比他们自己的家乡收入高些，但他们在大都市的边缘生存，生活费用也要高些。他们的收入一般要低于本地失业者的最低生活保障收入。他们的生活水平很低，只属于基本的温饱型，一半以上的家庭没有电视，更谈不上其他文化娱乐活动。他们对孩子的学习投入力所不及，对孩子的期望值不高。

心理特点：打工者来到大城市，有一种疏离感，认为这里不是自己的家，基本的想法是在这里挣一些钱，回去过相对宽裕的日子。他们一般也不和这里的人密切交往，对本地人有一种防卫心理。他们往往自卑，感到自己出身低微。同时更有一种心理失衡，感到社会极为不公平。他们教育孩子的基本内容是：不要和人家比，人家是城市的孩子；不要惹事，咱惹不起人家。有的还这样对孩子说："你要好好学习，长大不要和我一样，做这么苦的事。"家长的心态影响了孩子健全人格和健康心态的形成。

通过以上分析，我们认为打工子女在学生群体中也属于弱势群体。他们家庭的衣、食、住、行和心理都直接影响着孩子。

2. 社会分配不公形成外地打工者这一弱势群体，是造成两个学生团体疏离的根本原因。

我国由于地域原因，经济发展很不平衡，东西部、沿海和内地社会发展差距很大。不发达省份的劳动者没有资金，缺少良好的教育，进入大城市以后，很难融入大城市的主流群体，被迫边缘化。他们进入大城市后，看到精彩的外部世界，看到有着良好工作环境、收入丰厚的群体，很容易自卑。

同时，我国现在处于市场经济的初级阶段，分配体制中打着明显的计划经济的烙印，存在明显的同工不同酬现象。同样的工作，大城市人干，所得要比外地打工者高得多。打工者的付出和所得，在社会大环境下看是不成比例的。他们也能看到，一些当地劳动者受教育水平也较低，能力水平也不高，但是因为现阶段我国特有的城乡两元结构和户籍制度造成的收入差距，很容易心理失衡。

外边的世界很精彩，外边的世界很无奈。这些打工者或者自卑，认为自己命运不好，或者认为社会不公，敌视社会。家长的心理，自然影响了孩子的心理，也使孩子自卑，感觉到自己没有地位，或者对社会不公产生愤恨乃至仇视。

3. 教育系统内部以及学校的有关政策和部分师生的不当行为是造成团体疏离的主要原因。

打工子女团体从团体分类上说应属于非正式团体，但由于政策的原因，又有正式团体的成分。因为我国教育属于短缺资源，学校数量有限，还不能满足全部需要。学校为了保证本地孩子的入学，使学校把适龄儿童分为两个团体，一部分是学生户口和居住地符合要求，即服务面内的学生，这些学生学校必须接收。一部分是没有本城市户口，要临时在这所学校学习的学生，称为借读生。这些学生公立学校可以接纳也可以拒绝接纳。

同时因为办学经费的问题，教育经费由属地投入，流入地方政府，不承担这些学生的教育费用。因此到大城市借读的学生要缴纳借读费。学生缴费的不同，强化了两个团体的形成。从2004年开始，部分发达城市为外地打工子女取消了借读费，从一个侧面体现了教育公平，但由于经费原因，又产生了新的问题。

再有，学校里外地学生不能评选三好生，因为三好生有保送上高一级学校的待遇。外地生也不能当学生干部，因为这些学生在流入地学校没有正式学籍。从学生待遇上也强化了两个团体。

我国现阶段教育系统内部的政策以及学校的政策，人为地把学生分为两部分，自然造成学生心目中就有主客之分。打工子女这一团体的形成主要在个人心理条件。本地生感到有优越感，借读生有自卑感。对学生的心理，产生非常大的影响。

由于打工子女的家庭背景，所操口音、以及交际能力的低下，使得教师有意无意地在态度上和对本地生有区别，使孩子敏感的心灵受到创伤。加上本地学生的问题，使打工子女往往感到受压抑。

由于以上种种原因，一些在城市边缘举办的打工子弟学校便应运而生。打工子弟学校之所以存在，一是因为公立学校规模有限，不能全部容纳打工子女，使得打工子女学校有了生存的土壤。二是打工子女在打工子弟学校上学，同学之间不感到受歧视，他们的家庭条件，所受教育程度基本相同，有一种归属感。三是这些学校的管理适应打工子弟，打工者往往早出晚归，甚至要到半夜才回来，打工子弟学校可以负责这些学生的安全。四是打工子弟学校一般用全国统编教材，和学生家乡的教材一致，使孩子回家念书不会有太大不便。五是打工子弟学校学籍管理灵活，随时可以入学，也随时可以转学，适应打工者流动性强的特点。

然而现有的打工子弟学校绝大多数没有办学条件，缺乏稳定的师资，举办者不懂教育，办学质量低下，安全隐患很大。更有个别打工子弟学校是以营利为目的，根本不考虑教育教学质量。

打工子女与本地学生“和”的策略。

我校在促进打工子女和本地生有效融合方面，针对团体疏离得成因，采取了立体式，多方位的融合策略，取得了较好的效果。

1. 一视同仁地对待打工子女。有些老师在教学时重点培养本地学生，把打工子女学习水平的高低不放在自己的责任范围之内，甚至有些学校拒绝打工子弟参加正式考试。这些做法在社会上时有所闻。我们认为这些做法是对教育的亵渎。从孔夫子的时候就提倡有教无类，这一优良的教育传统绵延几千年。社会地位不应该是世袭的，应由其天赋和努力来决定。一个现代化的社会应体现社会公平，教育公平是其中应有之义。每一个学生都应有平等的受教育权。为此我校把提升教师看问题的高度作为重点。无论打工子女还是本地学生，“同在蓝天下”，“都是祖国的未来和希望”，作为教师，应该平等地给孩子以关爱，应把自己的学生都培养成材，这是师德应有之义。并针对我校个别教师对打工子女的偏见，明确指出，某些不正确的做法不但不道德，而且可以说是违法行为。

我校要求教师，以对党和人民负责的精神对待打工子女，并把是否平等对待打工子女作为师德考核的一条重要标准。进而细化为四项考评要素：

客观地看待打工子女的差距，尽一切可能给予帮助。

平等地对待每一个学生。

对每一个学生负责。

关注打工子女，特别要关注打工子女的心理体验，并提倡给打工子女以更多的关爱。

同时学校开展了“走近打工子女，走进打工子女的家庭，了解打工子女的生活，了解打工子女的心理”系列活动。通过座谈、家访等形式，教师受到了深刻的教育。在我校组织的“我们应该怎样对待打工子女”的征文中，一位教师写道：“打工者的贫穷不是他们的错。打工子女学习基础差也不是孩子的错，从某种意义上讲，打工者是可敬的，培养好他们的孩子，是我们应尽的责任。”我们学校还开展了“特别的爱给特别的你”活动，让打工子女体验到教师的爱。有的教师把自己孩子的旧衣服送给贫困的打工子女。有的教师因为学生家长不能及时接孩子，自己住家又离学校较近，放学时就把孩子先接到自己家，家长到教师家接孩子。

通过多种形式的教育，教师认识到了打工者的艰难，了解了打工者对自己孩子通过学习改变命运的渴望。给予了打工子女更多的关爱，使打工子女亲近了我们的教师，找到了在家乡学校对教师的感觉。

2. 突出服务意识。打工子女，作为特殊的服务对象，除了和本地学生一样，需要良好、安全的学校环境，优秀的师资外，还有其特殊的要求。我校的学校管理针对打工子女的特点，以服务为宗旨，尽可能满足打工子女的需要。

打工者没有固定职业，流动性大，他们的子女自然也要经常流动。因此，针对打工子女的学籍管理，学校简化手续，设置临时学籍，从孩子到我校来以后就建立学籍，学生走后尽可能为接收学校提供较完备的学籍材料，使学生的转学不再困难。

打工者因为其职业特点，往往早出晚归，接送孩子时间没有准确性，致使孩子在学校上学前和放学后出现了监护空白。同时打工者中午休息时间短或者没有，无法照顾孩子。学校就对这些孩子提供延时服务，在上学前和放学后，安排教师值班，对不能按时接送的孩子提供临时监护，以保证孩子的安全。同时学校设立学生食堂和休息室，让孩子在学校吃中餐和休息，免除打工者的后顾之忧。

由于现行升学制度，打工子女到中学后要回去参加中考，而现在各省市所用教材不统一，可以自由选择，这就使学生回家之后继续学习有一定困难。学校就让教师安排特定的时间，打通我校现行教材与学生本地教材之间的联系，使学生熟悉其家乡当地的教材。

打工者的收入低而且没有保障，有的是因为做小买卖资金周转困难，有的是雇工者不能按时发工资，学生交书费、借读费有一时困难。我们就采用争取困难生补助、或缓缴的形式，解决打工者的燃眉之急。甚至我们为了打工子女能够参加一些集体活动，如春游、看电影等，都尽可能地和组织者协商，说明原因，让家庭困难的打工子女免交费用。这样充分满足打工子女需要的服务，使外地打工者感觉到了学校的温暖，体会到了被尊重，产生了满足感。

3. 还给孩子以应有的权利。据调查，打工子女有明显的负面心理，如自卑、孤独、受压抑。这与孩子在学校受到的不公正待遇有直接因果关系。过去因为各种原因，对待打工子女和本地生是有区别的，包括在收费方面，打工子女除要交本地生同样的杂费，课本费等，还要交政策性的借读费，这项费用是政府的规定，学校还要让学生家长交捐资助学款、桌椅费等。给孩子的印象是，你这个学生不是我们的服务对象，你是另类，是和本地学生不一样的。至于学生在学校的待遇，评优或竞选班干部，因为学生的学籍不在学校，不能参评。这在孩子幼小的心灵里造成了很大的不平衡。市场竞争是讲究规则的，不能说有谁不能参与竞争，学校是培养将来社会的主人，从小就应该在孩子的心目中树立正确的规则意识。不同等对待，在学生的心目中，本地生凭着自己的地位，就可以在竞争中占有主动，就可以不遵守规则，外地生感到自己的身份没有参与的条件，这样的学校教育不是与社会背道而驰吗？学校，应始终把公平作为出发点，用小环境来使学生体会公平。

我校明确承诺打工子女的五项权利：包括与本地学生混合编班的权利、与本地生享有同等的学习条件的权利、有当小干部的权利、有参加各种评优或三好生评选的权利、有参加学校组织的各种特长培养组的权利。

这五项权利我校作了宣传板，展示在学校醒目的位置，五项权利的落实，受到了家长和学生的热烈欢迎。我校在2004年暑假，招收了200名打工子女，很多家长是冲着这五项权利来的。家长说，学校这样一视同仁对待打工子女，解除了我们的担忧。我们就怕把孩子送到公立学校，孩子受到歧视。有学校的这个承诺，我们放心了。还有的家长说，还是学校办事公平，北京的学校就是好，北京的校长就是有觉悟。学生们也很高兴，他们感到了自己的地位得到了很大的提高。一位借读生在收到三好生表彰时说：我以后会更加好好学习，长大建设北京。

4. 寻求家长的配合，使孩子得到统一的正面教育。我国德育低效的一个重要原因就是社会、学校、家庭三种教育的脱节，学校讲的是一套，社会上看到的是另一种景象，家庭教育是另一种思路。而打工子女的家庭教育尤其存在问题，一个原因是打工者受教育的水平低，不会教育，更严重的问题是打工者自身心理不平衡，会潜移默化地影响孩子。学校是个小环境，需要大环境的支撑。社会是一个综合的整体，学校对社会的影响不是很大。但对于家庭教育，学校是可以有所作为的。我校尽可能的做出努力，让家庭教育和学校教育保持一致。首先，我校在接新生入学前，要和家长签订双向责任书，包括督促学生完成作业，督促学生尊敬师长，完成对学生的家庭表现评价等内容，还特别提出了，家长不在学生面前抱怨社会的要求，让打工子女家长配合学校进行教育，使学校和家庭密切配合，保证教育方向的统一。其次，我校通过开办打工子女家长学校的形式，教给他们教育的方法，引导他们对孩子进行正面教育，避免不健康心态影响幼小的心灵。

经过我们对打工子女和本地学生有效融合的研究和实践，我校的打工子女增强了与本地学生的融合。学生主动提出转出我校的近一年为零。学生家长因为学校的原因宁可转行也不离开当地的非常多。据我们的统计调查，现在打工子女感到学校对本地生和借读生有差别的，由最初调查的78.5%下降到了5.2%，在打工子女和本地学生有效融合方面取得了显著的效果。

金点子

打工子女与本地学生的团体融合，主要的是心理融合。由于打工子女特殊的社会和家庭背景，他们比城市孩子和农村孩子经历得更多，也更早熟。据调查分析：打工子女存在着心理的负面特点，如自卑心理、防卫心理、敏感、颓丧、甚至有暴躁冲动等特点。针对打工子女的负面心理，我校在心理健康方面加强教育和调节。

之一：扬长，使孩子感到自信。由于学生所处的社会地位，以及各种因素，打工子女感到自卑，这也纵容了本地学生的优越感，为此，学校想方设法使打工子女恢复自信。自信心的建立，支撑点是主体感到自己的能力、品质、地位和对方没有差别，认识到自己的优势。不断地取得成功，是拥有自信的最有力的保证。学校挖掘打工子女自身固有的优势，如刻苦学习的学习态度、艰苦朴素的生活作风、吃亏忍让的个人品质、对父母的感恩和报恩心理等。这些品质都可以和本地孩子形成互补。我校教师给学生搭建比较和交流的平台，使打工子女知道自己不比别人差，甚至有比别人强的地方。在比较中认识到自己的优势，建立自信。

之二：教育孩子直面现实，使孩子知道：竞争，没有同一起跑线。我国正处于社会主义初级阶段，市场经济也很不成熟，社会公正也有待逐步建立。即使在发达国家，市场经济完备的国家，也不可能做到理想的公正。我们教育学生，必须直面现实，社会是什么样子的，就告诉学生是什么样子，这样才能使学生相信学校教育的真实性。告诉学生社会还存在着不公正的现象，如拖欠工资，如沿海和内地、东部和西部发展不平衡。更要告诉学生产生这种不公平的原因是我们的国家还不发达造成的。只有我们努力学习，努力建设我们的国家，才能使社会越来越公正。告诉学生竞争没有同一起跑线，我们的起跑点即使再落后，也有机会跑到前面，这可以找到很多生动的实例。告诉学生一个真实的世界，远比闭着眼睛说我们的社会已经很公平要好。否则学生了解到自己的父母辛苦一年工资被拖欠，或看到自己的父母和别人做同样的工作却得到微薄的收入，就不可能理解。

之三：采用多种办法，对打工子女进行心理调节，保证心理健康。我们针对打工子女敏感自卑的心理特点，教育学生要客观地分析老师和同学的言行，本着宽容的心态去理解。同时要善于表现自己，习惯于赞赏自己，不放过每一个展示自己的机会，以此增强自信心。在加强心理健康教育的同时，学校还通过大量的活动，给本地学生和打工子女共同搭建展示自己的舞台，使打工子女在成功中提高自信。在学校的活动中，我们有意识将打工子女和本地学生混合编组，增加他们的沟通机会，增加相互了解。

我个人一直以来都把“和”作为我工作第一要考虑的问题，校长做好了教师之间的“和”，就有了稳固的工作基础，就为学校发展创造了条件；做好了家校间的“和”，就为学校的教育增加了一种前进的力量；做好了孩子之间的“和”，就为学生将来，奠定了一个良好的基础。

“人”——完成教育使命的中心

校长在实现学校的功能过程中，要依靠教师，培养学生。要把人放在中心位置。

学校间的本质差距是教师的差距。对于一所学校，硬件建设是最容易的，只要有钱，很快可以解决。而这所学校要具有相应的教师则非常困难。举例来说，名校办分校，分校的硬件一般不会低于总校，差距在教师队伍。没有高标准的教师就不会有现代化的学校。培养教师是具有中国特色的校长工作的主题。

管理一个学校，呆板的管理也可能把一个学校管好，但是老师和学生是痛苦的，因为师生感受到的是枷锁的束缚，焕发不出激情和创造力。那样的团体，只能培养出循规蹈矩的人。唯有让管理充满创意，才能培养出一个散发着勃勃生机的团体。在一个充满勃勃生机的团体里，人的潜能才能得到充分开发，个性得到真实张扬。

校长要善于给教师插上梦想的翅膀

我在教师培养方面，特别重视鼓劲。教师只有自己有决心提高自己，才能够充分利用学校提供的条件。学期初的动员会为一个学期的工作定调。学期末的总结会让教师看到努力后的收成。这样一个循环后再一个循环的不断螺旋上升，在教师提高的同时，学校质量也随之提高。

每个人，从童年到老年，谁也无法摆脱梦想的纠缠。每个人都曾如同雄鹰一般，拥有过翱翔天际、悠然自在的壮阔梦想。由于阅历的增长，很多人变得现实了，变得越来越缺乏自信，这是成长的悲哀。实际上，只要充满自信、充满梦想，就会焕发出激情和创造力。人的最高需要是自我价值实现的需要，教师尤其如此。校长要善于给教师一个梦想。鼓励教师，是校长应该坚持不懈的工作。让每一个教师都感到，自己的职业是神圣而伟大的；自己有能力从事这项神圣而伟大的工作。自己的潜力能够在工作中得到充分发挥，自己的价值在工作中能够得到充分实现。我给教师的寄语是："做太阳底下最光辉的事业，成就完美人生"。我们学校的校训是："教学相长、师生成才"。在教师办公室里，悬挂的不是这样那样的规范、要求，而是激发梦想的名言。如"安于现状、固守己见是造成人身劣势的主要原因之一"。"眼睛所看着的地方，就是你会到达的地方"。"心态决定命运"。

我校的一位教师，当他把一个有明显性格缺陷的孩子转化成功后，曾自豪地说："我做的是琐碎的工作，但这个孩子转变了，我成功了。在这个教育过程中，我感到的是对社会的责任，对这个孩子将来的责任。我感到了我的辛苦是为将来的社会。我体会到了我的工作的价值和我个人的价值。"

面对教师这一独特的生命体，面对各具特色的成员，作为一个管理者，根据教师主体意识突出这一特点，我们应该树立一个信条：少一点疑虑，多一点信任；少一点不准，多一点自由；互相尊重，创造一个宽松的工作空间，建立起以共识和情感为基础的人本化管理模式。

工作中的反思使我更深地感悟到：教师群体是一个巨大的宝藏，蕴藏着无穷的智慧和力量，作为一个管理者要有驾驭这个群体的艺术。首先，必须尊重教师个性，认可教师独特的追求。每位教师都是独特的，管理者应该承认并学会欣赏人与人之间与生俱来的差异性。其次，用好各类型的人。尤其能力较强的人、个性明显的人以及缺点明显的人，让教师有展示自己才华的机会。第三，应以赞赏的目光看待教师。赏识教师要真诚，倾注感情，不能被完美情结所困惑，要学会欣赏残缺的美妙。

给教师梦想，激发教师奋发图强，用自己的能力改变现实。使教师知道只要我们团结一致，奋发努力，物质的需求能够逐渐满足，在奋发努力的过程中，自己能够得到发展。一切都会好起来。

当教师有了希望，有了梦想的时候，他的思想兴奋点会聚焦于他的希望和梦想，从而产生团结一致奋发努力的行为。

用校长的梦想激励教师的梦想

校长是一个学校的标志。校长的高度是一个学校可能达到的高度。一个充满事业心的校长，一个不畏困难，勇于进取的校长，他的精神力量可以感召一个团队。一个被动的校长，只会怨天尤人的校长，他的萎靡的精神，也可以涣散一个团队的精神。我对自己的要求是：在教师面前，从来不提困难，始终神采飞扬，始终信心十足。遇到困难局面的时候，校长在教师面前始终是教师的主心骨。一个群体需要骨干，骨干是什么，是支撑物体的架子，字典里讲，骨干是在物体中起重要作用的人或事物。学校要有骨干教师，更需要有主心骨。校长要使教师感觉到，和这样的校长一起工作是安全的，可以依赖的。自己的发展、自己需要的满足，自己的希望和梦想，跟着这样的校长是能够实现的。

让教师感到梦想终将实现

校长要有明晰的学校发展愿景。人最怕的是失去前进的方向和目标。没有方向，没有目标，就肯定没有动力。因此，学校要有清晰的发展愿景，既有长期的，又有中期的、短期的。目标要既有务虚的，更要有务实的。目标的制定要使教师感觉到希望，感觉到成功，感觉到成功会给自己带来什么。学校发展愿景要和教师的切身利益紧密地联系起来。教师的切身利益就是工作环境的改善、待遇的提高、自我价值的实现，而自我价值的实现是教师尤为关注的方面。因此我们在工作过程中，经常向教师讲清我们要组织什么样的展示活动，要开展什么样的教师培训。这就和教师自己的价值实现联系了起来。这样的学校发展愿景，为教师提供了工作的动力。

让教师感到自己就是英雄

在努力的过程中，有些教师的梦想实现了。那么就让实现了梦想的教师成为英雄。我校凡是取得重大成绩，都要召开庆功会。这项举措是从2004年秋季开始的。2004年暑假前，我校参加区教学质量检测，参加检测三科教师的成绩都排在了全区的前列，这对于我校来说是了不起的大事，因为我校学生打工子女多，流动量大，基础差。能够取得这样的成绩教师确实付出了巨大的努力。为此我们召开了庆功会。不但奖励了取得成绩的三名教师，而且班子决定，对全校所有教师都进行奖励，来表示对这次成绩的祝贺。并规定，以后凡是学校某位教师取得重大成绩，学校都将对全体教师进行奖励。庆功会后，教师们对取得成绩的三位教师表示由衷地感谢。这次活动成功之处在于，不但激发了获得成绩的教师的自豪感，而且在同事们真挚的感谢中，强化了这三位教师的自豪感，一时间，这三位教师成为学校争得荣誉的英雄。更可喜的是，这次庆功会，鞭策了其他教师。从那次庆功会后，我校的教学质量检测每次都取得了很好的成绩，其他各项工作也捷报频传。从此，召开庆功会成为我校的一个传统。

让获得成绩的教师感觉到自己是英雄，让学校的全体教师分享成功者的快乐，就使繁重的工作成为快乐的事情。

校长“就近取经”强化教师的英雄意识

有一位改革家说得好：“中国社会所有面上的问题，都有点上的经验。缺乏的是肯定、总结、宣传和推广。”

细想确实有道理，学校工作也是如此。我们在工作中遇到问题，往往会想向外寻求借鉴，或者请教专家，或者翻阅书刊。很多问题就是在这种向外寻求的过程中，逐渐的搁置了，或敷衍了事地解决了，或者头疼医头脚疼医脚地过去了。没有有意识地比较学校内部的差异，发现某个班或某个教师的做法和经验，就近取材，向学校内部寻求解决办法。

其实学校面上的问题，也会有相应的经验值得借鉴。一件事肯定有处理得好的，也会有处理的差的。校长如果善于发现好的做法，及时予以总结宣传和推广，收到的效果会更好。

例如我校教学楼新换的窗子，原来是铁质三开扇玻璃窗，中间是固定的，两侧窗子能打开，这样窗子开扇相对来讲较小，学生开关窗子比较安全。换窗子以后，变成铝塑两开扇推拉式玻璃窗，打开窗子之后，半个窗子没有遮拦，相对于窗子来说，孩子的身体太小了，如果不慎，会造成相当大的危险。我一方面加强教育，要求由教师开关窗子，禁止将窗子全部打开，学生不准靠近窗子。一方面想在窗子外边加装护栏。同时干部和党员加强巡视，查看窗子是否开得过大，查看是否有学生靠近窗子，弄得学校干部教师非常紧张。正在我准备加装护栏的时候，主管消防的领导又告诉我，加装护栏不可行，因为加装护栏之后，万一发生火灾学生无法逃生。正在我无计可施的时候，我发现有一个班的老师办法非常巧妙：他在窗子的上下框的左右1/4处各粘了一个小挡板，窗子在向另一侧推的时候，推开1/4就被小挡板挡住了，不能再打开，另一侧也是如此。这样两侧都打开后，两个窗扇就重叠在整个窗子中间位置，又似乎变成了三开扇窗，而且左右两侧打开部分都只占窗子的1/4。这种方法造价不高，而且一下就解决了问题。我发现这种方法后，立即把各班的窗子都如法炮制，全校师生一颗悬着的心放了下来。

从这一件小事可以看出，我们在管理过程中，与其向外讨招，不如及时发现学校内部的经验，因为这些经验是鲜活的，是符合校情的，是推广后就能用的。这种方法，也容易激发学校教师的创意，培养出本校教师的成就感。

校长要给师德涂上爱的底色

“没有爱就没有教育”。因此让教师充满爱心，是校长的重要工作之一。

丰富教师爱的情感

我校学生来源以流动人口子女为主，教师很容易产生抱怨心理。抱怨孩子的纪律性差、知识基础和基本能力差、家长素质不高，有这样的心理，很难教育好孩子。我们通过提高认识、唤起同情心等多种形式，激发教师的爱心。

学习理论、提高认识。每一个人都有同情弱者的心理，但是面对流动人口和他们的子女时，教师往往忘记了他们弱者的地位，习惯于用社会的平均水平来要求他们。为此，学校通过组织学习，让教师知道弱者的成因。我们学习联合国教科文组织撰写的《教育的使命》，和美国学者查洛特 丹尼森所著《学校改造框架》以及我国学者所著《弱势群体》等书的有关章节，向教师们阐释了弱者为什么成为弱者的有关论述。使教师认识到：一个人的成功，他的家庭背景、地域背景、先辈的传统职业起着非常重要的作用。流动人口子女处在社会的底层，不是他们不够聪明，而是他们的地位决定了他们的命运。他们的交际面是底层，因此在他们的成长过程中，没有可利用的社会关系帮助他们成功；他们的信息源是封闭的，社会变革所带来的机会，他们捕捉不到，因为他们阶层所处位置，决定了他们远离了机会；他们要想获得成功，必须凭着自己的运气。同时，我们还让教师认识到：这些流动人口子女，能够到我们学校学习是幸运的。因为他们能够到我们学校来求学，我们恰巧又能接收他们是非常幸运的。有大批的流动人口子女是没有这个幸运的。在这些可怜的孩子们有了这样的机会时，我们没有理由挥霍掉孩子这个幸运的机会。通过这些道理的学习和讲解，唤起了教师对流动人口子女的深切理解和同情，激发了爱心。

走近流动人口，强化内心体验。我们组织了“走近工地，看流动人口的工作环境；走进家庭，看流动人口的生活环境；走进流动人口的心里，看流动人口的渴望”等系列活动。走进工地，看流动人口的工作环境。通州区近年来城市建设发展迅速，农民工是建设的主力军。教师看到冬天农民工住的非常简陋的用帆布搭起的工棚，看到农民工的单薄的被子，看到缺油少盐的伙食，同情之心被深深地唤醒。走进流动人口的家庭，看生活环境。老师们看到了一家几口挤在一间低矮的平房里，看到这间平房不但要住人，还要把明天卖的菜放在屋里。流动人口窘迫的生活深深地触动了教师。走进打工者的内心，倾听流动人口的心声。教师们在和家长们谈话时，很少听到抱怨，更多的是要求教师加强对孩子的教育，殷殷的嘱托，打动了教师的心灵。一位教师说：“通过和他们的接触，我们才知道社会最底层的人的生活状态。有人说，教育可以改变命运，那就从我开始，用我的努力，去改变他们孩子的命运吧。”

增强教师使命感。在创建“爱心教育”特色过程中，我们引导教师从教育史，特别是教育家的身上认识爱心教育，如孔子的“有教无类”、陶行知的“平民教育”等，使教师们认识到，教师应该是社会公平的体现者，应该对平民子女给与更多的关注，从而激发了教师对流动人口子女的爱心。

让“爱心”成为教师心中的一把尺子

在开展爱心教育活动后，我们适时制定了《爱心教师公约》，内容如下：

1. 了解每一名学生的家庭情况，对有生理缺陷或家庭贫寒的学生，给予更多的关注。

2. 永远微笑着面对学生，不断调节自身情绪，不把坏情绪带到课堂。

3. 对学生要毫不吝啬地表达由衷的赞美，哪怕是他的一点进步。

4. 提前1分钟进入课堂，为上好课做好充分的准备。

5. 尊重学生的隐私，并最大限度地相信学生。

6. 少说“你必须……，你就得……”多说“我建议你……”

7. 拥有跨越所教学科知识的素质，使教师成为学生真正的课本。

8. 与家长接触时要热情有礼，宽严有度。

9. 勇敢地承担起“心理医生”的角色，培育学生健康的心理。

10. 让学生明白“我错了”，而不是简单地告诉他“你错了”。

11. 廉洁从教，不谋私利 。

12. 感谢管理队伍对自身成长的帮助。

在《爱心教师公约》的基础上，根据我校对爱心教师内涵的界定，又拟定出了《爱心教师评价标准》。分为基本要素和重点要素。基本要素即对《爱心教师公约》的各条款，根据重要性赋予不同的分值。重点要素就是我们特殊强调的工作——以爱心辅导特殊问题如智力残缺、性格行为异常、贫病学生、孤苦学生等作为加分因素。

《爱心教师评价标准》是教师自己提出的，贯彻落实有思想基础。在落实《爱心教师评价标准》的过程中，学校注重教师的个体自觉改进。每学年初教师拟定个体改进方案，然后根据个体改进方案予以改进尝试。整个过程是以教师自我改进为主。爱心教师评价标准、评价结果也注重自我鉴定、自我评价，不与奖惩挂钩，尽可能使实施《爱心教师评价标准》的过程，成为教师自我发展的过程。

以前，我校个别老师在对待犯错误学生的做法，只想着怎样做不违规，至少在形式上不违规。因此出现了诸如让学生罚站不在教室而是把学生放在办公室，到办公室不给学生让座，也不处理问题，学生只得站在那里。再如让犯错误的学生抄写课文或词语，不说罚而说布置给你的作业等等。实施爱心教育后，我们提出作为一名教师，时时要用爱心这把尺子量一量我们的工作，要求教师经常思考这样一个问题：“自己的做法，是否出于爱心，是否体现了爱心，是否能够唤起学生的爱心?”

教师能够用爱心这把尺子衡量自己的工作了，就是一个巨大的进步。能够经常用爱心这把尺子衡量自己的工作，就真正成为爱心教师。

当教师对学生的爱被激发出来后,教师的职业幸福感会激发出无穷的工作动力。例如我校的一位班主任在一篇札记中写道：

有人说：“班主任的工作忙忙碌碌，辛辛苦苦。”的确不错。然而，其中的乐趣是无法可比的。当课间孩子们围着你团团转的时候，当他们有知心话愿意对你说的时候，当他们升入中学仍对你念念不忘的时候，我确实感受到班主任的幸福，它使我们的生活变得多彩而充实。我想：我们既然当上了班主任，也就无怨无悔，我的职责是育苗，我的任务是 浇灌、捉虫、呵护。真正做到：捧着一颗心来，不带半根草去。

校长要协助教师完成工作艺术的修炼

教育价值观的引领是校长培养教师第一位的工作。如果教师在工作的时候时时拷问自己:我要培养一个什么样的学生?那么老师就有了明确的工作方向，就能够选择适当的工作方法，这是校长宏观上对教师的培养。校长还需要在微观上培养教师，重视培养技巧的研究。

对教师“因材施教”的“三决定”原则

“因材施教”是每个教育工作者耳熟能详的一个词，意思是教育者要根据教育对象的差异选择相应的培养方法。我们常常要求教师在培养学生的时候要遵循这一原则。校长在培养教师方面也理应遵循这个原则。思考教师培养的方向，我在实践中总结出“三决定”原则。

1. 理念决定方法。教师的知识背景不同，理论水平不同，在教育理念上存在着差异，我们在指导课堂教学时有时过于强调方法了。我认为，方法应该是第二层次关注的问题，第一层次还是理念，因为理念决定方法。正如老庄所说：“道决定术”。

一个教师讲完一节课，我们先不要看他采用什么方法教学生，而是首先要从他选择的方法背后，看他理念的东西。举例来说：讲数学的计算法则，不同的老师会采取不同的方法。方法一：通过归纳，直接出现计算法则，然后通过大量练习熟练掌握法则。这样教学效率高，学生计算正确率高。如果从应试上说，不失为最有效的方法；方法二：先讲算理，从算理中推导法则，然后运用法则进行练习。这两者比较，前者只达到了“知其然”的水平。后者不仅“知其然”还达到了“知其所以然”的水平。显然后者的教育理念要优于前者。方法三：给出要解决的问题，让学生通过以前的知识背景，探索解决问题的办法，在学生探索的过程中，引导学生说明探索的依据，也就是说算理也是在学生探究过程中“自得”的。这种方法，教师想要达到的效果是，让学生不仅知其然，还要知其所以然；不仅知其所以然，而且探究其所以然。这种方法最需要教师的能力，也最能提高学生的能力，但从计算正确率上说，可能会有所缺失。从中我们可以看出，选择不同的方法的教师，教学理念是有很大差异的。只有理念先进的教师，才能在先进的理念指导下选择科学的教学方法。

我在指导教学过程中，首先解决教师的也是教育理念问题。如现阶段的新课标，我是亲自去书店为教师买来的。除此之外，我特别向教师推荐一些优秀教师的个人专著。一般在个人专著中更多地体现了教师的教学理念。

2. 性格决定风格。在课堂教学中，我们有时很喜欢师生互动活泼，教师机智，学生幼稚灵巧。然而由于师生的性格不同，严谨的教师和严谨的学生可能就达不到这方面的要求。过于强调课堂教学的一种风格，对于某些老师是过分的，这种风格也不是适应于每一个学生。

我们能够提倡多种教学风格，如以活泼为主，以严谨为主，以幽默为主，等等，让教师充分张扬自己的个性。我们经常说，多一把尺子衡量学生，就会多一些好学生；同样的道理，多一把尺子衡量课堂教学，就会多一些好教师多一些好课。

有一名高年级数学教师，工作勤勤恳恳，埋头苦干，教学成绩优异，也深受学生喜欢。但是这名教师的课始终感觉严谨有余活泼不足。这样的教师能不能上出高水平的课？我认为是可以的。我在听他课的时候，着重肯定他的严谨特点，要求把课讲出自己严谨的特点。这位教师当明确自己的努力目标后，他详细地学习了小学低中年级的数学教学内容，还熟悉了初中阶段的教学内容。后来他的课脉络清晰，对前面知识的总结应用，对后面知识的铺垫非常到位，教师的语言也更加精炼。这位教师不但做过区级公开课，而且成为通州区骨干教师。这位教师的成功证明，指导教学要因人而异，要充分发挥指导对象的性格特点，让教师成为他自己。

3. 课题决定课堂教学。因为评职称等原因，教师要用很大精力写论文。教师在写论文的过程中，确实提高了素质。我们能否把教师的论文和课堂教学结合得更紧密一些，让教师的课题从课堂教学中生成，通过研究改进自己的课堂教学。这方面我除了前面提到让教师写教学反思以外，更强调教科研课题选题要小，开掘要深，要从实践中来。2007年，我校一名教师写了一篇《在课堂教学中，提高借读生的普通话水平》的论文，这个题目对于以打工子女为主的学校是一个很好的课题。我专门根据这个课题，在利用教研组活动时间向教师讲解如何进行教科研课题的选择，起到了很好的效果。在以后的课题选择中，教师们有意识地把课题和课堂教学结合起来，和自己的工作结合起来，促进了教师工作水平的提高。

教师自我修炼的"四环"模式

提高教师自我修炼的意识。师傅领进门，修行在个人。只有教师的积极性有了，他本人的水平才能提高。我真心地相信同时也经常和教师分享我的一个想法是：一个教师的真本事是什么？就是课堂教学水平。我在向教师动员的时候，给教师讲了"温水煮蛙"的寓言。同时我进一步指出：我们每一个人现在都是温水中的那只青蛙，凭什么不被煮死，就是要提高自己的真本事，也就是提高自己的课堂教学质量。我还提出：自己要想方设法提高自己的课堂教学水平。我的这个想法得到了我校教师的认同。所以才有了我校教师在2010年上半年，教师通过和教研员的沟通，半年内有8名教师作了中心组级别和区年级组级别的不同层次的研究课。不是半年内教师的教学水平有了多么大的提高，而是教师对课堂教学的重视程度有了很大提高。这是提高课堂教学水平的基础。向哪个方向努力，那个方向就会走得远一些。

构建"学习—尝试—反思—共享"这样一个封闭的回路，帮助教师实现自我超越。

"四环"模式及其修炼要求。

学习：带着问题学。

尝试：尝试学到的方法。

反思：是对自己尝试的过程进行反思。

共享：是对经验的推广。

具体步骤：

我发现了教学中的什么问题？

我学习了哪些资料？得到了什么启示？

我尝试什么？是如何尝试的？结果怎样？

反思效果怎样？还存在什么问题？如何继续改进？

采取多种形式共享经验。

第一环："学习"。带着问题学习首先是要找自己的问题。有一句名言说"发现问题比解决问题更重要"。在我们实施的过程中对这句话有深刻的体会。作为校长或者旁观者看到的问题教师自己并没有感觉到。因此我们采取了同伴互助找问题，"头脑风暴法"找问题后教师再通过照镜子认领问题的办法，解决学习的针对性问题。学校根据教师的要求，提供图书杂志音像资料。为保证学习有效，我们还提出了要求：学习要制作卡片，学习要互相交流。

第二环："尝试"。这个环节我们主要推进两项工作：教师个体细节改进；移植体验课。个体改进计划是教师自我修炼的重要方法之一，具体方法是：自己撰写改进计划，一页纸以内，改进周期，一个学期之内。教师个体定位改进内容包括："对个体起点的描述；对个体终点的描述。改进路径描述；实施一段时间后的反思。"

诚然，做正确的事比正确做事更重要。但作为学校来说，做正确的事应该不存在大问题，关键还是要如何正确地做事。应树立这样的理念：细节的改变才会带来整体的改变。不积跬步，无以至千里。细节改变了，累计起来才会有从量变到质变。

例如，一名教师进行"改变师生关系"的修炼，细节选择：

改变教学语言：

应试教育语言：我考考你、如果这样考你，你看应该……

变成探究研讨语言：如果遇到了这样的问题，如何解决。

教师主体语言：你给我……我告诉你……你必须……

变成平等协商语言：咱们……你看这样休整一下你的方法是不是更好。

改变语言声调：在学生出现问题时，忌声嘶力竭，语调高八度。语调要更柔和亲切，充满耐心和爱心。

例如，教学主任修炼“作业检查”环节：由检查“作业批改”变为检查“留判作业”，也就是增加了一个环节，不但看判作业的质量，还要看留作业是否针对性强，是否加重学生负担。

“移植体验课”是自我修炼的另一重要形式。其目的在移植体验中感悟明确的教学目的，严密的课堂结构，明晰的课堂教学脉络，有效的教学方法。通过移植体验达到举一反三，触类旁通。

活动过程是：首先教师依据自己所教科目，寻找一课时的教案或课堂教学纪实。教案或课堂教学纪实可以是我校我区的优秀课例；报纸杂志发表的优秀教案或课例；网上的优秀录像等。教师形成优秀教案或课堂纪实电子版，放在自己的公用文件夹中。其次根据所学内容自己说课，做上课前的准备，并根据优秀课例讲课。可以邀请学校班子或者教师听课，听课后进行对比评价。

最后授课人写出课堂教学反思。

通过长期的坚持，形成我校移植体验课教案集，为我校书写教案改革奠定基础。教师的备课能力和驾驭课堂能力有明显提高。

第三环节：“反思”。我每年暑假和寒假有两项教师的固定作业：写自己的教育教学反思。每年要辑成两本教师的教育教学反思录。

对过去的学习与实践进行反思是必要的。古语说：一日三省吾身，无过焉。这里的“省”就是反省或反思之意。反思就是对自己的固有习惯、做法、思维方式进行理性的思考。反思是由自然行为发展为自觉行为的桥梁。固有的习惯、做法、思维方式有正确和错误之分，通过反思，坚持正确的，革除错误的，最终的目的是使我们的行为无过。

教育反思是对我们的已有的教育方式、教育行为进行理性思考。养成教育反思的习惯，能够使神圣的教育工作变成自己的无愧的行为。

教育反思需要学习，只有在科学的理论指导下，反思才有深度。用先进而科学的理论去观照我们的教育行为，才能发现我们有些认为天经地义的做法，其实也有不科学的因素。

教育反思需要理性光辉的照耀。只有沉下心来，不跟风，不浮躁，不人云亦云，对教育行为进行深刻的思考，才能接近教育规律，接近真理。

教师学习于校园，工作于校园，彼此熟悉，同时面对的是同样的学生群体。因此读我们自己同事的反思录，比读教育理论书来得更亲切，针对性会更强。

我们每学期以后，都要求教师反思。长期的坚持，使老师们有了反思的习惯，对于提高教师的课堂教学水平起了很好的作用。

让主讲教师阐述自己的讲课主张。教师讲完一节课，到底讲得怎么样，如果有人听课，一般要征求一下听课者的意思。自己这课讲得怎么样？当教研员或者领导进行评课过程中，一般听不到上课教师的自评，他们大都是在那里虚心地等待着判决。其实没有主讲教师和听课者的讨论乃至争论，就不会有讲课教师的提高。主讲教师在征求意见时不阐述个人观点，往往不是虚心而是心虚。他还不知道这节课自己讲得好还是不好。试想两个特级教师同讲一节课的时候，他们的课堂教学肯定不同，这两个教师如果讨论的时候肯定会试图让对方了解自己的主张。因为在他们阐述自己主张的背后，是自己对自己这节课的自信。为此，我在听完课的时候，都会首先让教师阐释自己的想法，也就是对自己的这节课进行自评，哪些达到了自己的预想，哪些没有达到。

教师课堂教学水平的提高，是校长工作非常重要的一个方面。我想作为校长所能做的是从大处着眼，不纠结于某一个细节，不纠结个别人，这样才能提高校长的工作效率，达到提高学校课堂教学整体水平的目的。

第四环节：共享。知识共享：学校要求教师在自己的电脑上建立个人“共享文档”——每位教师在自己的电脑上做公用文件夹。并设如下子文件夹：教案、学习笔记等。经验共享：我们给教师创造外出学习机会，但是外出学习的教师都要做好会议记录，要负责为学校教师讲座。把外出学习的好经验拿出来和全体教师共享，达到一人学习，全员受益的效果。学校定时召开读书报告会，进行好书推介。内容包括：教育教学新理念、人生感悟、励志感悟、心理健康等。智慧共享：教师课堂教学实录视频，我们要求教师自己看，自己发现教学中的问题。有些典型的课在教研组中看，集体会诊，达到共同提高的目的。学校定时召开论文答辩会：教师自愿申请，每次答辩1—2人文章。学校还鼓励教师定时上公开课，邀请教师参加，讲评。

再如提高教师培养学生的基本习惯的能力。为了培养学生习惯，我们注重教师典型经验的总结推广。我们召开过“培养习惯实战技巧交流会”，如出现学生不完成作业的习惯现象。我们就让在这方面有办法的一些教师介绍经验，然后各位教师学以致用。这样的会经常开，对丰富教师的管理办法起到很大作用。

学习、尝试、反思、共享四环法循环实施，使教师的个人素质在不断打磨中，日臻完善。

除了激励教师自我超越外，校长要善于建立激励教师成长的机制，建立长效机制是促使教师成长的重要方法。最主要的是学校不断完善用人机制，完成岗位责任制、建立岗位奖惩制。努力形成个人积极性——工作数量效益——待遇之间的良性循环，使每一位教师都认识到，干与不干、干多干少、干好干坏，都直接影响到自己的利益。使学校的管理体系沿着办学目标健康有序地运作。其他如“师徒结对子” “教研沙龙”、“异地异校挂职”，都是促使教师成长的有效举措。另外，学校还通过“教学开放日”、“教育科研年会”等多种活动锤炼队伍，发现人才。

“点”——推动教育工作的重心

水滴石穿的启示

通过教师，完成学校与学生的和谐发展，是非常复杂的工作，需要抓住重点才能取得实效。

我们在岩洞中经常可以见到“水滴石穿”的现象。一滴一滴的水即使滴在我们身上都没有什么感觉，但是那么坚硬的岩石，却被 “滴穿”，这引起了我的思考：“水滴石穿”需要两个条件，一方面是要瞄准一个点去滴，另一个方面要持之以恒的滴。“清泉石上流”的水其实更大，但不会出现“石穿”的效果。

从“水滴石穿”中我感到，要培养学生素质，先要从全面素质中找准基点，然后持之以恒地塑造，才能产生良好的效果。学生的素质包含的面很广，经过研究，我选择了三个基点，即“参与、爱心、人文素养”。我认为这三个基点是最能够影响人整体素质形成的关键要素。三个点支撑人的人生发展，也是一个人长远发展的三个支撑点。 “参与”是一切能力的基础；“爱心”是一切美德的基础；“人文素养”是健全人格的基础。三个基点的素质牢固了，就为学生素质的全面发展打下了坚实的基础。为此我一直以来，就抓住“参与”、 “爱心”、“人文素养”这三个基点去培养孩子。

围绕“参与”、 “爱心”、“人文素养”这样三个基点去培养孩子，在不同学校，要根据不同情况对“三个基点”有所侧重。我做过三所学校的校长，学生情况差异很大。我针对农村学校因孩子参与意识不强而采取的以“参与”为重点带“爱心”和“人文素养”的模式；城乡结合部打工子女为主体的学校以“爱心”为重点，带“参与”和“人文素养”的模式；城市核心区学校以“人文素养”为重点，带“爱心”“参与”的模式。我把它称为“一点带两点”的“三点联动模式”。这样，在培养学生素质的“水滴石穿”中，“点”的目标更集中。围绕三个基点，我们还继续分解每个关键点下的要素点：在“参与”之下，是“参与意识”和“参与能力”；“爱心”之下，包括“对自己的自爱心，对长辈的孝心，对弱者的怜悯心，对自然的关爱心，对有恩于自己的人的感恩心，对祖国的责任心”；“人文素养”之下是“笃志、乐群、博学、守信”。这样分解容易突破，更容易产生实效。

“参与”是一切能力的基础

“参与”为主，带“爱心”与“人文素养”这种三点联动模式，是我在北京市通州区牛堡屯中心小学采取的工作方式。

农村学校，环境相对闭塞，学生参加社会实践少，学生的畏惧心理、羞涩心理较强，不敢参与到学习和实践中去。我听过的一节高年级课，教师无论怎么启发，学生就那么木然地坐着，毫无参与热情。课后询问班里的学生，他们说，我会！可是我不想回答。这件事表明，学生缺乏参与热情，而参与是人的最可贵的品质。

小学生的心理发展阶段也决定着学生的参与意识和参加能力不强。我们认为，最重要的原因是学校家庭社会对学生参与权的剥夺。中国青少年发展基金会卜卫曾说：“2000年，我对1996年至1999年六家主流大报的286篇“六一报道”进行了定性和定量分析，发现：即使是在六一国际儿童节，儿童仍然不是新闻报道的主角，很少有记者去寻找、发现和报道他们的声音。大多数新闻报道强调的是儿童工作成绩，即承认如何重视儿童成长。从新闻报道中，我们无从知道儿童对这些“成绩汇报”的看法。儿童仅仅是被关怀的对象，他们不是与成人对话的主体。”仅以学校而言，学生每个学期组织的活动，几乎全部是上级布置的，学校设计的，用大人的心理自命不凡地推测这样的活动学生会喜欢，会受到教育，并没有征得学生的同意。学生不是活动的主人，而是活动的服从者。从幼儿园到小学再到中学直至大学，几十次、上百次的剥夺学生的参与权，训练学生的服从，自然能把一个满怀参与欲望的心灵摧残得心如死灰，能把学生雕塑成一个个驯顺的“好孩子”。这样做的结果，学生面对纷繁的生活，没有参与的激情，木然的等候别人的指挥。这样的教育，怎样培养创新精神和实践能力？参与意识及参与能力不强，严重阻碍了学生全面素质的发展。

现代社会，竞争如此激烈。姜太公钓鱼式的待价而沽，已远远不适应时代的要求。机遇转瞬即逝，在机遇面前裹足不前，就会错失良机。如果不具备很强的参与意识，就不适应社会。

实施素质教育的重点是培养学生的创新精神和实践能力。我认为，参与意识和参与能力是创新精神和实践能力的基础。要想培养学生的创新精神和实践能力，必须首先培养敢于参与、乐于参与的心理素质。自我封闭、麻木冷漠不可能有创新精神。学生的实践能力也是在其参与学习、参与实践中提高的。参与意识决定着学生主体性的发挥。参与能力决定着主体性的发挥水平。

为了推动工作，我们把参与意识定义为：学生对学习或实践活动有效地积极地投入的意愿。把参与能力定义为：在参与过程中，能够顺利完成既定任务的水平。

学生的参与权

我们概括了学生十项参与权，包括：参与的失败权、当小干部权、学校活动设计权、展示自我权、参与学校计划制定权、受尊重权、发表自己意见权、受表彰权、自我评价和对他人评价权、知情权。我们感到，要保证学生的参与，必须给学生相应的权利。这十项权利中，最主要的是学生的参与失败权。

素质教育的重点在于培养学生的创新精神和实践能力。对于小学生，创新精神和参与意识的结合点在什么地方，我们认为就是学生对失败的态度。参与教育的根本保证是学生的失败权的落实。任何参与都有成功和失败两种可能。惧怕失败是人的本能。惧怕失败就会回避参与。举例说，我们曾经设计过这样一个调查题，老师提出的一般性问题，四个选项分别为：多数时候有想法；多数时候没想法。多数时候举手；多数时候不举手。多数时候有想法的占87.5%，多数时候举手回答的占58%，他们的差是30%。这就说明有30%人有想法但不举手，即自动放弃参与的机会，为什么呢？就是怕失败。因为失败会刺伤他的自尊心。参与教育首先就是要解决这30%的学生，让他们能够参与进来，获得锻炼的机会。给学生失败权就是要允许学生失败。老师知道失败是学生的权利。这才不会出现让学生尴尬的场面，让他们有参与的积极性。不许学生失败，最能挫伤学生的参与积极性。曾经有过这方面的教训。记得一个六年级学生，他基础很差，但凡是某位老师的课都很积极的举手回答问题，但他回答的问题十有八九是错的，有的根本不沾边。有一次在课堂上他又回答错了，这位老师对他说，某某某，你真是百错不厌呀！只这一次，他以后就再也不回答问题了。他的学习成绩越来越差。现在想来，他的参与就已经等于失败。屡屡品尝失败又仍然不懈的参与，这本身就非常优秀。让学生敢参与，就必须落实学生的失败权，让学生在没有思想压力的前提下参与他能够参与的事情，参与积极性才会不断提高。在敢于参与中，创新精神得以培养。

其他九项权利，多数是为了激发参与热情和给学生的参与创造条件。

用制度保证教师落实学生的“参与权”

我校围绕参与教育，在总的校本课题方案指导之下，制定了一系列制度，保证校本课题的落实。包括：涉及学生权利的有：《学生在校参与权的落实办法》、《学生参与学校学期工作计划制定的实施方案》、《学生参与学校管理的实施方案》、《学生参与家庭活动的指导方案》。这些制度，是在“以学生为中心”理念的指导下，真正落实学生的主体地位方面向前迈进的一大步。涉及规范教师行为的有：《突出参与意识和能力的课堂教学评价方案》、《在课堂教学中培养学生参与意识和参与能力的要求》、《在活动中培养学生参与意识和参与能力的要求》、《各科参与教育课堂教学模式》。这些制度，是督促教师重视学生参与，同时为老师提高学生参与意识和参与能力提供方法。

在贯彻这些制度时，我们从两个方面进行，一是对教师的评价，无论是听课、还是年终考核，都要把这些制度的落实情况作为一个重要的考核项目。另一方面，是学生的评价，通过各种组织，各种活动，保证这些制度的落实。

在课堂上落实“参与权”

“参与”有“主动参与”和“被动参与”之分，而“主动参与”则是发挥学生主体作用的重要标志。长期以来，在教学中，学生参与教学活动的主体作用，没有充分发挥。具体表现在学生参与面小，参与时间短，参与能力差。如一些成绩好的同学被频频喊起来回答问题，而一些后进生却成了被遗忘的角落。要变学生被动应付为主动探索，体现学生的主体地位，必须在引导学生参与教学活动的全过程上做文章。学生有了参与的意识，才会有强烈的投入欲望，才会有积极的参与行动。

为此，我们在《课堂教学培养学生参与意识和参与能力要求》这一制度中，主要是从课堂教学全过程，逐环节提要求。要求教师必须在课前预习、导入新课、课堂提问和质疑问难等环节中，精心安排学生的学习活动，提高学生的参与能力。具体如下：

课前预习，为参与创造条件。我们要求预习必须有明确的预习目标，合理的预习方式和可进行反馈的预习结果。首先必须确定好预习的目标，这个目标必须是多元化的，必须遵循个人认知的原则，具有操作性，指明思维的方向，明确学习的途径。其次，必须安排好预习活动的方式，无论在课上还是在课外，都必须给予充分的预习时间。第三，对学生预习的结果，必须进行反馈。一方面是为了了解学生的预习情况，对学生学习情况作出分析；另一方面，结合学生的“疑”展开教学，真正做到教师的“导”为学生的“学”服务。

创设情境导入，激发参与的欲望。导入新课时，有一个良好的开端，往往是一堂课成功的关键。为此，我们要求教师要善于设置情境，用简洁意赅、精炼生动的语言，能很快集中学生的注意力，激发他们的浓厚的学习兴趣。

精心设计课堂提问，强化学生的参与热情。有价值的问题能引人深思。提问既要考虑学生的接受能力，又要把握实质，问在点子上，要避免满堂讲，把答案直接告诉学生。问要有助引导学生积极思考。

学生的活动，落实学生的参与行为。在教学中，要求教师必须减少过多的导引、串讲，要多选择那些适合于学生参与的活动形式，精心安排个人自学和小组交流，提供充分的参与时间，使全体学生以高涨的情绪参与到异步、高效的自主学习之中，使学生真正成为学习的主人。

鼓励质疑问难，提高参与能力。要把教师主观提出问题转变为学生质疑，把提问权还给学生。教学的过程要围绕学生的问题展开。质疑问难是学生对教学活动更深入的参与。课堂上尽量让学生质疑，既是培养问的能力的需要，也是课堂民主的表现。由于学生的年龄特点，他们的求知欲望十分强烈，课堂上急于解决碰到的疑难问题。教师要抓住这一心理特征，在课堂上安排一段时间，鼓励学生大胆质疑。质疑应贯穿于整个课堂的始终。对学生提出问题，教师要善于进行梳理，把握要点。学生提出问题后，还要提倡学生自己解疑。

学生质疑能力并非一朝一夕能够形成，要求允许学生有一个由不会到会的过程，教师要不断给以激励，使他们的主体作用真正发挥出来。

为了落实课堂参与，我们还精心设计了《参与教育课堂教学评价方案》，从学生参与的广度、深度、参与的时间这样三个维度，来评价课堂教学质量，引导教师注意调动学生参与的积极性，注意全员参与。我们在听课时，就按照这样的方案，进行分工，有人负责统计学生参与的人数，有人负责统计一节课安排了几个参与环节，有人统计有效参与和无效参与的次数，以此来进行课后交流评价。这一评价标准把评价的尺度放在学生参与意识和参与能力上，使教师以前在备课中把主要精力放在“怎样教”，转到了更考虑学生“怎样学”上。

同时，为了两项制度的落实，我们还请一些有经验的教师逐步总结《参与教育各科课堂教学模式》，使其他教师有章可循。

创造“参与权”的使用机制

给学生参与的条件、参与的机会非常重要。强化学生的参与意识，增加学生的参与机会，培养学生的参与能力，应该是教师工作的一个重要关注点。在这方面，我们采用了以下方法。

引导学生做到“六多”，即：多思考、多发问、多尝试、多体验、多沟通、多协作。落实对学生提出的“六多”要求。教师采用多种方法引导，利用一切可能的机会引导，采用故事法，如讲牛顿从苹果落地，经过思考发现万有引力；瓦特从思考壶盖为什么会动发明蒸汽机。名言警句法，如在教室中写着：要想知道梨子的滋味，必须亲口尝一尝；实践出真知；贵在参与；团结起来力量大等等。老师为学生创造多种机会，一是展现个性；二是展现能力；三是展现学业成果。让学生在得到展现的满足中认识自我、规范自我、评价自我、发展自我，给予所有学生以同等的展现机会。在鼓励学生主动参与教学中，我们要求要在参与量、参与难度、参与的主动性以及自我评价能力等方面逐步提高。

我校设立了多种组织，让学生全面参与，为学生的参与创造条件。每班设立了“心语信箱”，学生把对班级管理的意见，对教师同学的意见提出来，为学生参与班级管理、教师评价、同学评价提供了园地。学校设立了“我参与信箱”，保证学生参与学校管理。在设计各种大型活动时，充分发挥少先队组织的作用，通过各中队讨论，由中队长汇报给大队长，再由大队委和学校共同拟定各种活动。建立红领巾广播站，为学生参与增加渠道。其他组织如设立课间巡视员、红领巾监督岗、维权委员会等。通过这些组织及其相应的活动，扩大学生的参与面，增加参与机会。

通过参与意识和参与能力的培养，学生的参与意识、参与能力明显提高。课上回答问题的同学也增多了，课堂上积极讨论，大胆发言，课堂气氛非常活跃。

在落实学生的参与权的同时，学生体会到了教师对自己满腔的爱，也就自然地激发起了孩子爱的情感。参与习惯的养成对学生人文素养的提升如参与式的社交礼仪、参与式的发言准备都起到了很好的推动作用。

“爱心”是一切美德的基础

“爱心”为主，带“参与”与“人文素养”这种三点联动模式，是我在北京市通州区北关小学采取的工作方式。

十八世纪法国著名的启蒙思想家和教育家卢梭，在教育名著《爱弥儿》一书中提出，“爱是人类最基本、最自然的感情，也是进行教育的基础。”富有爱心是学生基本素质中的核心素质。

富有爱心是实现人与自我和谐的需要。富有爱心的人能够正确认识自我；能够善于调节自我。富有爱心是促进人与人和谐的需要。富有爱心的人在人际交往中，能够平和待人，诚信待人，真情待人，以己推人；富有同情心和友爱精神，能够在参与帮助他人、尝试付出的过程中增强自我价值感。富有爱心是形成人与社会和谐的需要。富有爱心的人，能以发展的眼光看待社会中存在的问题，以包容的心态面对新生事物，以积极的姿态紧跟时代步伐；具有良好的社会适应能力，能形成与该社会文化相适应的人格，自觉遵守该社会的价值准则和行为规范，树立和实践正确的荣辱观和是非观，努力推动社会有序发展。

爱心的内涵很宽泛：爱祖国、爱人民、爱科学、爱社会主义、爱社会、爱自然、爱父母、爱同学……“爱××”可以构成太多的动宾短语，可见人是需要博爱的，需要各方面的爱的品质。作为学校，这些品质的培养都是必要的。我校为了使教育更有实效性，根据我校打工子女的生源特点，严格界定了对学生进行爱心教育的内涵，挑选了最基础最核心的内容进行教育，提出“六心”，包括：“对自己的自爱心；对长辈的孝心；对弱者的怜悯心；对自然的关爱心；对有恩于自己的人的感恩心；对祖国的责任心”。

对学生进行爱心教育的基本思路是以“六心”培养为重点，学校创造爱的氛围，教师树立爱的榜样，课堂理解爱的内涵，活动体验爱的情感，家校合作进行爱心教育。

课堂教学理解爱

课堂教学是学校教育活动的主要形式，我们挖掘教材中爱心教育的内容，在各科教学中进行爱心教育。例如三年级有一篇语文课文，叙述了一个小女孩叫王霞，患恶性肿瘤，化疗后头发都脱光了。戴着帽子上学怕同学们笑话，犹豫着不敢进班。当他进去后，没想到全班同学都戴着帽子。原来老师前一天已经给同学留了作业，每个人都必须带帽子，老师要比比谁的帽子更奇特。

我校的一位老师讲完了课，在给学生布置作业的时候，留了一个小作文。“王霞如果是咱们班的同学，你会怎样对待?”我看了同学们的小作文，虽然刚三年级，但写得很好。

有的说“王霞同学真坚强，得了恶性肿瘤还到学校上课，我应该向他学习。”有的说“我不会笑话她没有头发，我会走过去安慰她，下课时陪她散步、说说话，让她开心”。

有的说“谁都有可能患病，如果是我自己，我的心情会多郁闷呀，我对她特别同情，怎么会笑话她没头发呢”?

还有的说“我会为她叠千纸鹤，祝她早日康复。”

虽然学生的角度不同，但都展示了一颗爱心，同学们的同情心在作业中得到了强化。

在班主任的管理工作中,教师也用自己的爱心感化着学生。这是一个班主任写的札记：

有一次，上课铃响后我走进教室，发现讲台前有好多碎纸片，我便问了一句：“这纸片是谁扔的?”同学们都往前看，不少同学把目光投到班内一个调皮的小男生身上，并且举起小手告状。但这个学生死不承认。

同学们你一言我一语，都在指责这个同学。我站在前边听着，这时，我已完全清楚是谁扔的了。于是我请大家静下来，平静地对大家说：“今天我不查是谁扔的碎纸片，但我有个建议：你们看，教室地上有这么多碎纸，显得特别乱，影响了咱班的环境卫生，我们大家在这样的教室里学习心情也不舒畅，如果谁做一件好事，把地上的纸捡起来，我们就能赶紧上课了。”

我这样一说，果然很灵。顿时，全班学生的小手都举起来了，但最终我把机会留给了被同学们指责的那个男生，一会儿他就把前边的纸片捡干净了。

我对大家说："刚才刘某同学为我们班做了一件好事。如果以后大家都不随便扔废纸，见到废纸随手捡起来，主动为班集体做好事，大家就可以在干净的环境里学习，那有多好啊!"说到这里，只见同学们都频频点头，好像在说："我能做到。"

下课以后，我找到刘某，问他："同学们都说纸是你扔的，他们说的对吗?"他说："地上的纸是我扔的，老师，我错了，以后我一定改。"我对他说："知道错了就好，刚才你表现得不错，不是还为集体做了一件好事吗?"他很难为情地笑了。

学生随便扔废纸本来是一件很小的事，可是如果处理不当，小事解决不了，还会变成大事。假如，我硬把扔废纸的学生揪出来，发一顿火，批评他一顿，不但不会使这个学生从心里认识到自己的错误，还会把他置于集体的对立面，使其产生对抗心理，其他同学也不会引以为戒，还会滋生幸灾乐祸的思想，教育效果达不到，耽误了课堂教学，教师还会生一肚子气。反之，我利用情境激发学生道德动机，建议大家做好事 ，捡废纸这件事，不仅教育了全班同学，也使随便扔废纸片的同学改正了错误。

多年的班主任工作实践告诉我：拥有爱心，是班主任工作的"上岗证"。

各种活动激发爱

1. 常年开展"四会"活动，多角度培养孩子的爱心。

要求学生达到四方面要求：每学期会唱一首爱心歌曲，会背一首爱心诗歌，会培植一种花草，会说一个爱心词语。

(1) 爱心歌曲温暖了孩子的心灵。在众多的歌曲中，有很多表现爱心的歌曲能深深打动孩子的心，《母亲》、《常回家看看》、《让世界充满爱》等，是学生们选择的爱心歌曲。每学年，我们都由学生评出10首爱心歌曲，在校园广播中反复播放，孩子们至少要学会一首。学生入学，我们都要教孩子这首《感恩的心》，并且会手语表演。音乐，丰富了爱心教育。

(2) 利用经典爱心诗歌陶冶学生的情操。在我国浩若烟海的古典诗歌中，有大量爱心诗歌，《游子吟》、《夜雨寄北》……我们要求每个学生每学期至少熟背一首，在课间或上课前让学生互相读、背。以此来陶冶孩子的情操。

(3)“爱心花卉”培养孩子爱自然的感情。小学生以具体形象思维为主，贴近学生生活的活动对学生的教育意义更大。我们为了培养学生的环境意识，每年开展爱心花卉展，具体方法是：各班分组养殖一种花卉，每年五月，举办爱心花卉展。我们认为，爱护环境要从爱护花草开始，学生能够爱护花草，就可以泛化到爱环境。每年五月学校开展爱心花卉展，同学们把花捧到了学校操场上，围绕着花卉品评，活动使他们的爱心得到了培养。

(4)爱心词语的运用拉近学生的距离。理解爱、学会爱、表现爱，使爱心教育逐步深入。一般认为中国人的爱心很含蓄，不展示爱心，久而久之，每个人的爱心都会淡漠，心灵都会麻木。因为我们的周围没有一个爱的“场”。我们在学校内推行了习惯用语活动。我们只挑出了三个词，作为师生共同的习惯用语：“你好，谢谢，对不起”。

“你好”，一句简单的问候，就能拉近彼此的距离。我们的要求是，每天彼此的第一次见面，都要互相说“你好”。

“谢谢”，一句简单的感谢，能让给你提供帮助或提供便利的人感觉到你知道我在帮助你，也在帮助他人的过程中愉悦了自己。

“对不起”，一句简单的道歉，让人感觉到你的自责，能够化解很多矛盾。开始师生们还有些不习惯，经过一段时间后，师生们习惯了，随之而来的效果是，师生们的脸上更多的洋溢了微笑，关系和谐了。

四会要求丰富了学生的学习生活和内容，简便易行，深受学生喜爱。

抓住契机展示爱

我校在推进爱心教育的过程中，注重爱心教育的教育意识，不失时机地进行爱心教育。例如我在2009年1月4日的《环球时报》上读到了一则题为《“诚信桶”温暖英国小镇》的故事，讲的是英国北约克郡一个叫塞特尔的小镇，一个小店老板在圣诞节的第二天即英国的假日拆礼物日，要去休假，小店里没有人值班，就在小店中设了一个“诚信桶”，要求到小店买东西的人把货款放到桶内。等到小店老板回来时，不但里面有卖出商品的钱，还有光临小店的人的感谢信，感谢小店老板的信任，感觉自己很开心。

这个故事因为发生在十几天前，又因为它的真实，小镇人的淳朴打动了我，我于是在国旗下讲话的时候及时向学生讲了这个故事，同时问同学：“你愿意生活在那样的小镇吗，为什么？”“如果你是小镇的一个居民，你愿意把钱自觉地放到‘诚信桶’吗?”

这个小故事深深地打动了同学们，从他们的眼中看到了对小镇的神往，对那里居民的敬佩。我想日积月累，这样的教育会在学生的心灵中扎根。

再如，我校在2008年汶川地震时，在接收地震灾区来京儿童入学方面表现出了极大的爱心。学校对灾区来京儿童建立了“入学绿色通道”。《京华时报》6月3日报道：《灾区三名来京儿童两小时入学》，就是北关小学启动“入学绿色通道”的效率。学校认为，孩子尽快入学，无论是对孩子的家长还是对孩子本人的心理健康都会产生积极的影响。

这项活动也教育了学校的学生，孩子们的家庭不富裕，在赈灾活动中也拿出自己的零用钱支援灾区，奉献爱心。

校园环境彰显爱

在隐性课程中，我们结合爱心教育重点对学校的物质情境、文化情境、人际情境进行精心设计，力争使学校情境对学生起潜移默化的影响。

物质情境方面，我们对学校布局进行了调整并进行了命名。我们把学校分成三个区：主教学楼，是课堂教学的重要场所，命名为“育心楼”；把教学楼后小院，调整为以阅览室和心理咨询室为主要功能的活动区，命名为“温馨小院”；把教学楼东侧，以多功能厅和活动课程为主的活动区，命名为“情感体验区”。通过分区，使学校布局功能相对独立，便于更好地达到“学习乐园”、“成长家园”的目的。

文化情境方面，我们对学校进行了美化，教学楼道各班设计了班级文化展板，每班都自己设计了班名、班徽，并及时展示学生的作品。校园东侧围墙是“美德文化墙”，西侧围墙是“科学墙”，所有画面设计是以卡通画为基本形式，深受学生喜欢。我们还编辑了具有我校特色的校园爱心歌曲，在课堂间歇，学校活动前后予以播放，让学生在有精美的旋律中，受到爱的熏陶。

人际情境方面，我们大力提倡以“和谐”为主题的人际文化。提倡教师之间、学生之间、师生之间的和谐。我们制定了《和谐办公室评比标准》《和谐班集体评比标准》等，通过制度引导和谐的人际环境。

随着我校爱心教育的扎实展开，爱心教育取得了初步成果，师生关系更加融洽，同学之间更加团结友爱。我校的爱心教育也得到了家长的大力称赞，他们几乎都赞扬孩子们懂事了。

家校互动强化爱

在推进爱心教育的过程中，我们把爱心教育拓展到家庭，注重以学校为主导，做好：畅通家校互动的渠道；统一家校教育内容；进行必要的制度化建设；确立家校互动的发展愿景。

我校围绕爱心教育，与家长配合，开展了一系列的活动。

1. 爱心故事，激发情感。具体做法是：给学生的父母留一项作业，要求家长精心准备好一个中国历史上的孝敬父母的故事，给学生讲。作为作业留给学生的父母，为进行教育创造了家庭氛围，学生肯定认真听。然后学校在各班召开故事会，让学生给全班同学讲父母讲的故事，一个个故事感动了全班的学生。各班推荐优秀的故事到学校给全校同学讲。这样每个同学就听到几十个孝敬父母的故事，激发了学生的道德情感。

2. 典籍名言，引导行为。我校教师和家长精心编辑了我国古代典籍中有关孝道的名言，作为校本课程给学生讲解。《礼记》中有很多名言可以指导学生的行为："大孝尊亲，其次弗辱，其下能养。""下气怡声，问衣燠寒，疾痛苛痒，而敬抑搔之。""出必告，反必面。"等等。古代家训中则更多，如《颜氏家训》、《朱子家训》、《温公家训》、《弟子规》等。我们去除糟粕，留其精华，给学生讲解。既提高了学生欣赏古代汉语的水平，又了解中国古代文化的博大精深，同时受到了深刻的教育和行为指导。

3. 活动激励，巩固情感。我们在家长和学生中开展了"家庭同评孝子活动"，从历代推崇的孝子中，全家共同评议出一个人作为家庭的楷模。"父母子女同施孝道活动"，让孩子的家长为孩子的爷爷奶奶尽孝，孩子为父母尽孝。这一活动的开展，使家庭忠孝成为风气，整个家庭在孝行的体验中得到道德情感的巩固。

4. 推广延伸，道德泛化。在学生孝的道德理念巩固的基础上，学校及时将孝的理念进行迁移，推广到爱老师，爱同学，进而爱人民，爱祖国。这样的教育水到渠成，取得了很好的效果。

利用"事件"培养爱

培养爱心，首先要让孩子在他被关爱的"事件"中学会被爱。让孩子享受爱并且能体验到爱，同时学着去爱别人。当孩子被爱包围的时候，可以适时让孩子说说自己的心理体验，并锻炼着让孩子去表达。我们自身爱的情感，是因为受到了某件事的震撼，爱心是在这种震撼之中培养出来的。也许我们从感冒发烧时母亲的泪光中体验到了母爱，从蓦然感到大自然的神奇或秀美中体验到了对山川之爱，从乞丐那里我们懂得了怜悯。爱的感情是从“事件”中激发出来的。因此我们培养孩子的爱心，要从“事件”中激发。让孩子学会说“谢谢”。不要把孩子说谢谢作为繁琐的事，因为在说谢谢的时候，强化了孩子被爱的感觉，知道了在被关爱的时候需要表达。从而培养出孩子珍惜爱的情感。

培养孩子的爱心，要珍惜孩子的爱心“事件”，并加以鼓励。孩子因为受到家长潜移默化的影响，或者受到老师的教育，爱心是能够表现出来的。孩子发自内心和家长的亲昵，家长要积极响应，并向孩子说自己被爱的感受。孩子的孝行，例如给家长端来一杯热水，家长累了，孩子主动给家长捶捶背，家长也要表达自己的感受。在家长的榜样作用和真情互动中，让孩子体验爱，学会爱。

培养孩子的爱心，要呵护孩子的“动情事件”。电影电视、文学作品，也是培养爱心的有效载体。孩子被某个人或某件事感动了，流下了泪水，这是非常宝贵的“动情事件”，万不可嘲笑孩子，而应该表扬孩子的善良。别人有困难了，孩子热心去帮助，见到乞丐，孩子把零花钱拿出来放在乞丐面前，这些都是孩子爱心行动。家长呵护孩子们的爱心事件，会强化孩子爱的情感，逐渐积累会形成孩子强烈的爱心。

培养孩子的爱心，要从细小处去培养。对孩子讲大道理是没用的，必须从最贴近孩子的心灵处去培养，爱别人从爱自己的父母开始，对父母的爱是每个孩子都有的情感，要珍惜这份情感，并想办法强化这种情感，并适时的迁移，扩大孩子爱的范围。爱生命从爱小动物开始。当有人问孔子什么叫做“仁”，孔子指着一个小鸡雏说：“这就是仁。”当我们仔细端详这个毛茸茸的小东西时，人们是什么动作？都是把小鸡雏捧起来，为什么捧起来看？是因为怕伤害它，因为它是那么柔弱，娇嫩，惹人爱怜，看着它，人的心是柔软的，湿润的，像阳光般温暖，像清风明月般疏朗。其实这就是爱心，能从这个小生命中体会出“仁”的人，就一定是一个“仁者”。所以孔夫子又说：“仁者爱人。”让孩子养小动物，也是培养爱心的好方法。同样，爱环境从爱一草一木开始，爱祖国从爱班集体开始。从这些细小处培养孩子的爱心，会起到事半功倍的效果。孩子们在积极参加爱心活动过程中，参与能力得到提升，人文精神得到涵养。

人文素养——健全人格的基础

“人文素养”为主，带“爱心”与“参与”这种三点联动模式，是我在地处核心区的北京市通州区南关小学采取的形式。

我校开展人文素养教育是对学生所进行的人文知识的普及，人文精神的培育，进而塑造完美人格的教育活动。我校实施人文素养教育的基本思路是：以“为幸福人生奠基”为目标，以培养学生的人文素养为重点，通过“习熏陶悟”(即广博的人文知识学习、优秀的文化传统熏染、高雅的文化氛围陶冶、深刻的人生实践体悟等)，打造“人文素养教育”的学校特色。

我校人文素养教育的理想：孩子从这所学校毕业了，不仅仅是拥有一张文化课合格的毕业证书，还有百多首古诗烂熟于心，百多句哲言警句信手拈来。长大了，不期而遇一幅美术作品会驻足观赏，飘来一曲悠扬乐曲会侧耳倾听；与人交往，谈吐高雅；工作之余，会自娱自乐。

人文素养教育纳入课程

要使“人文素养教育”落到实处，必须把人文素养教育纳入课程。

国家课程是落实人文素养教育的最重要保障。首先，明确要求：我们制定了《各科教学进行人文素养教育的指导纲要》，要求教师有意识地挖掘教材中人文素养教育的内容，在各科教学中进行人文素养教育。包括在语文、品德与生活等人文学科中精讲人文素养教育的内容，以涵养人文精神；在数学、科学等理性思维为主的学科中渗透人文素养教育的内容，培养严谨的人格特征；在音乐、美术、体育等学科中扩展人文素养教育的内容，以提升审美情趣。其次，评价引领：我们拟定了《人文素养教育课堂教学评价标准》，在一般课堂教学评价标准的基础上，我们加入了“人文素养教育意识评价、人文素养教育时机把握评价、人文素养教育内容合理性评价、人文素养教育效果评价”等四个评价要素。第三，评优课活动推进：每学期进行“人文素养教育课堂教学评优活动”，评优活动涵盖各个学科，逐步总结在国家课程中进行人文素养教育的方法。

地方课程是人文素养教育的必要补充。《通州社会》属于人文学科教材，又和学生生活距离近，学生感觉亲切，能够很好地普及人文知识，激发学生知家乡、爱家乡的情感。

校本课程是人文素养教育的最直接载体。学校以琴棋书画、诗词歌赋为内容，构建校本课程。先后编写了涵盖从小学到高中所有课本中诗词为内容的《经典诗词诵读集锦》、《中国象棋》、《校训精神名言警句集萃》、《名曲欣赏》、《名画欣赏》等校本教材。通过课余时间与校本课时间相结合的形式，让学生沉浸其中，得到熏陶。我们还利用现代化信息网络丰富人文素养教育的内容。现代化的信息平台有丰富的人文素养教育资源，充分利用可以达到事半功倍的效果。例如“感恩教育演讲”、优秀学校的“音乐会”、“演讲比赛”等，我们下载下来，利用多媒体教室，分年级观看。在观看的过程中教师适时点拨，达到了非常好的教育效果。

校园文化传承人文素养

我校是百年老校，有丰富的文化积淀。我校在传承校园文化的过程中，积极构建人文素养的理念系统，力争使人文素养的理念体系成为学校文化的主流。我们构建了如下的人文素养理念体系。

学校愿景：和谐家园，成长乐园。

办学理念：教学相长，师生成才。

管理理念：家和万事兴论，未雨绸缪论，水滴石穿论。

我校的使命：用人文素养教育为幸福人生奠基。

学校口号：自我超越。

办学的基本标准：安全、规范、和谐。

教风：扎实、踏实、朴实。

学风：乐于分享，善于合作。

校训：笃志，乐群，博学，守信。

“笃志、乐群、博学、守信”这八个字是我校的校训。确定这八个字，是经过干部教师反复论证筛选的。我们认为这是一个学生应具备的最重要的品质。我们把它作为我们人文素养教育的着力点，力争把这八个字变成影响学生一生的指南。我们就围绕这八个字，遵循“展开以实施教育，聚焦以坚实信仰”的实施策略，按照如下层次进行教育：

第一层次：牢记校训。在操场和班内正前方镌刻校训，让学生每天都看到它，并且要求班主任老师组织学生背诵。我们认为这还达不到牢记的程度。为了让学生牢记，我们每周国旗下讲话之后，由大队长领诵校训：大队长说“我们的校训是”，然后学生一起大声回答这八个字。从孩子入学直到毕业，每周如此。

第二层次：理解校训。围绕这八个字，我们编写了《校训精神警句集萃》。选取表达校训中每个词意思的名言警句按笃志篇、乐群篇、博学篇、守信篇等四部分，每部分30句，总计120句编成校本教材。首先学校在校门处和班内板报上单开专栏，全校统一书写其中一句话，每两周更换。学生在两周之内背诵出这个哲言警句。其次，每周的旗下讲话内容围绕这个句子进行讲解。这样做既深刻理解了校训内涵，又增强了学生的文化积淀。

第三层次：体验校训。组织以校训为内容的主题活动。我校相继开展了“读《少年中国说》，做有志好少年”、“我是小博士”、“祖国，我向你承诺”等主题活动。

例如“欢庆建队日，做乐群好少年”设计了拓展活动。如“车轮滚滚”，10个人在一个大的履带里，没有合作，就不可能取得最后胜利。其他如“踏石过河”、“纸牌排列”，都需要参与同学的沟通与合作。通过活动让学生体悟“乐群”的重要作用。

根据小学生以形象思维为主的心理特点，开展了校训形象描述活动：什么样就是笃志的人、乐群的人、博学的人、守信的人？然后分别让学生写作文。通过描述进一步为学生树立形象。

第四个层次：强化校训。我校每学年除了要求评选的三好生、优秀生外，增添了每学期以校训为内容的四个荣誉称号，即“笃志奖”、“乐群奖”、“博学奖”、“守信奖”，每项奖励有相应的评价标准，通过奖励进行强化。我们专门印制了塑料证章，平时用证章进行奖励。我们还铸造了金属证章，毕业时用铸造的奖章奖励，以便于学生作为小学的纪念品保存，以期影响学生一生。

这样多形式、多层次的校训精神培养，使我校的校训真正起到了评价作用、导引作用、激励作用。

为了让师生记住其他理念，学校组织了师生的硬笔书法比赛，书写这些内容；利用例会前的时间，采取有奖征答的方式，提问这些内容；开展人文素养知识答卷，笔试这些内容。除此之外，班子经常用这些作为总结和布置工作的引言，以强化师生的记忆。

人文素养活动促进学生的体验和内省

我们认为，鉴于学生的知识面窄，视野不开阔的特点，应让学生尽可能地多接触各种活动形式，避免过早的兴趣定向，才能克服功利思想，对人文素养的培养才能有效。为此我们的活动制定了“三全原则”：全员参与，学校的各种活动涵盖每个学生；全面尝试：每个学生都要参与到各项活动中来。全方位推进，充分利用社会资源、家长资源，与学校一道进行活动开展。学校的活动分为基本项目和自主项目。基本项目是学校设置的项目，是学生的必修项目，如舞蹈、国画、象棋、古诗诵读等。自主项目，是学生自己学习的项目，学校为这些项目提供展示的机会，如轮滑、悠悠球、乐器等。

为了促进孩子在活动中的体验和内省，我们努力把活动办得富于感情，使活动成为打动孩子的“动情事件”。2011年毕业典礼，在设计的时候，就想激发同学们对母校的留恋、对老师的感恩、对同学的眷恋。孩子满怀深情地演唱了老师精心挑选的抒发毕业生离情别绪的歌曲《栀子花开》、《红蜻蜓》，特别是最后的一曲《骊歌》，优美缠绵的曲调，依依惜别的歌词，感动了每一个同学。在演唱的时候，老师进入孩子们中间，拥抱每一个孩子。我发表了精心准备的演讲。当我深情说道：“孩子们，长大以后，无论你成功不成功，无论你过得好不好，你都是南关小学的学生。记着，回来看看。将孩子们的感情激发出来，孩子们和老师相拥而泣。人生的某一个场景会影响孩子的一生，我们设计的毕业典礼，充满了人文色彩，激发出孩子人性的光辉。再如，孩子捡起一个可乐瓶，换来写有校长寄语的一本书的奖励。在操场上，有一个大一些的塑料瓶，不少同学见了，把它当成足球，踢一脚。全校700多名学生，我只见到了四年级的一个同学，看到了这个塑料瓶，捡起来放到垃圾箱里。为了教育学生，我利用升旗时间进行了一次旗前讲话。重点表扬了这位同学，并且奖励他一本书。我向全体同学朗读了我在书上写的赠语：感谢你的集体主义精神，希望你学习进步。我后来了解到，这个孩子不但更加懂事，而且学习也比以前努力多了。更有意思的是，相当长一段时间，学生故意在老师面前捡拾垃圾，更有意思的是一个同学手里拿着可乐塑料瓶问我：“校长，这个瓶应放在哪儿?”

其他如用军人的纪律激励学生，和一系列的社会大课堂活动等。

学生参与校园的物质文化建设

我曾发表过题为《让孩子参与校园文化建设》的论文，我个人认为，校园文化设计要强调孩子的参与。我校在给各建筑物命名是采用向学生征集的方法，效果很好。例如向学生征集心理咨询室名称时，竟然有一半以上的孩子不约而同地取名为“喜洋洋俱乐部”。原来孩子用他们喜欢的动画片《喜洋洋与灰太郎》中的一个角色命名。

校园文化设计要争取更多呈现孩子的作品。学校的校园文化设计，真正目的是给孩子看的，是通过孩子看而达到教育目的。就是所谓让每一面墙壁说话。让孩子爱看的方法，最简捷的途径是让它和孩子有关系——让墙壁成为孩子们施展才华的舞台，自己的作品和熟悉的同学的作品更能吸引学生。我校每个教室的外面墙壁都是孩子展示自己的平台，孩子们给自己班的展示窗口取了好听的名字，例如“小星星中队”、“小蜜蜂中队”、“小小鸟中队”、“动动1中队”等。窗口里陈列着孩子的书法绘画作品、奖状、童年照片……分别按照他们喜欢的形式摆放。每两周更换一次，每一次更换孩子们都像过节一样高兴。每一次更换后，展示窗口前都围着孩子们，看自己的，看同学的，看其他班的。各班的班级文化：以两报一角（板报墙报图书角）为主阵地。板报、墙报我们要求是把板报墙报交给孩子。图书角我们的要求是陈列孩子自己的书，孩子自己管理，教师引导阅读。孩子把自己家里看过的书拿到学校共享，因为是孩子们自己喜欢的，这样逐步让阅读成为兴趣。

我们以校园围墙为载体，设计了200米“霓虹墙”展示学生的艺术素养。命名为霓虹墙，不仅因为学生绘画的绚烂色彩，还表示变化迅速。一般学校围墙美化好以后，要保持相当长的时间，短则两三年，长则十年八年都有。我校的围墙美化因为学校只提供一些颜料，造价低，所以为了给学生更多的展示机会，我们一学期更换两次。学生在这巨大的展台上，尽情展示自己的绘画才能。孩子们构思了，绘画了，品评了，受到教育了。绘制霓虹墙成为了孩子的节日。

直接效果：丰富了孩子的人文知识。典型的是古诗词的背诵，按国家课程每年学习的古诗词一般是8至12首，现在我校的学生最多的已经背下了从小学到高中课本中的全部古诗词，最少的也要背下30首以上。名言警句我们坚持了一年，每个学生背下来20句。熟悉了5首世界名曲；认识了10幅世界名画。四至六年级同学全都对中国象棋进行了扫盲。

孩子们动过真感情。孩子们在学校感动地哭过，畅快地笑过。我们可以肯定地说，我们组织的几个活动孩子们会记住相当长的时间。例如毕业典礼、军营一日游活动、彩绘霓红墙等，还有一些大课堂活动也会给学生以深刻的印象。

教师研究出了一些在各科教学中进行人文素养教育的方法。如语文教师的

“人文感悟·自主诵读教学程序”包括情感唤起—投入体悟—内蓄深入—拓展延伸—多读感悟，整体过程以读为主线，在读中潜移默化。如科学教师研究出的“融人文素养于科学教育之中”的做法，包括在科学知识的讲授中，适当穿插科学发现和发明的历史以及科学家的故事；科学教育要激发学生对科学的兴趣；引导学生掌握科学的思维方法，建立正确的认识论、发展观。体育教师总结的体育促进学生对自然的关爱。体育能够促进人与人之间的交流，增强人际交往能力。体育能够锻炼坚强的意志等。

间接效果：多一把尺子衡量师生，调动了师生的积极性。肯尼思·布兰查德的《第一修炼》中有这样一个观点：“要使每个员工相信他（她）的工作是最前线的工作。”在人文素养特色创建过程中，科任老师无疑是主力，他们处在了一线的位置，调动了其工作积极性。学生的积极性也很高，学生校外参与培训的学生比以前明显增多。例如去年的协作组展示、民族舞蹈在外面学习的只有那样两个，今年学习人数明显增多，为了给同学们展示的机会,我们通过舞蹈联展的形式,让更多同学登台表演。

特色展示平台的搭建，为学生创造了登上舞台的条件。学生在众多人面前亮相，绝对是他人生中重要的经历。我们对各种展示非常场重视，例如协作小组到我校，我们就进行了周密的安排，力争让更多的人登上舞台，甚至安排了与会校长们和我校的小演员们照相。安排这个环节，意在突出这次活动的隆重，增强学生的心理体验。我校评选的笃志好少年宋清获得了全国轮滑比赛少年组第二名的好成绩，某某获得北京市少年蝶泳比赛第二名的好成绩。

赢得了学生家长的信任。我在家长会上，曾经重点讲了我校为什么搞人文素养教育。我讲完以后，有多位家长和我要讲稿。有很多家长当面和我说我讲得非常好，认为自己的孩子在这个学校学习感觉找对了学校。同时我们在协作组展示后，又利用家长会，向家长展演了一遍，家长交口称赞。

其实人文素养的效果不是能够说得很清楚的，能够模糊地感觉到孩子们比以前有所改变，就说明了活动的成功。

有人说“教育能够改变命运”。我认为这句话应该这样理解：教育可以通过培养学生的能力以改变命运，也能够通过学生“人文素养”的提高而增强其幸福感，这也是改变命运的重要侧面。

“参与”、“爱心”、“人文素养”三个方面，构成了学生品质性格和文化底蕴，长时间的坚持教育，必将为孩子的长远发展打下坚实的基础。

结 论

俗话说“上面千条线，下面一根针”，这根针就是校长。面对种种要求，校长首先要考虑“和”，这就是邓小平经常告诫全党的：不稳定就什么事也干不成。因此在决策时要处理好改革、发展和稳定的关系。当然，“和”不是遇到难处就妥协，回避矛盾。要在勇于迎战矛盾的过程中达到新的“和”。在“和”的前提下，要重视“人”，要花大力量培养教师、使用教师。用高素质的教师培养出高素质的学生。在培养学生的过程中，要重视“点”，做工作要重点突出，重点突破。总而言之，就是校长要用自己的智慧，使自己成为一个“好校长”，为社会贡献一所“好学校”。

第2辑 教育散论

导读

我作为一个校长，是教育专业工作者，应该有自己独特的对教育的认知，应该真正掌握着教育规律，应该有自己的定力，应该按照自己的思想办学校。面对各种要求，应该有所为而有所不为。为此我经常对教育工作中一些耳熟能详的词语进行深入的思考，办学中的每项实践都是“我”经过思考后的实践，那么我的学校就是独特的“这一个”。将思考结集一起，成《教育散论》。

与台湾政大附中校长

听课

出席全国九届管理学术年会

办学思想

每个人都有思想，思想支配行为。同样，作为一个校长要办学，也肯定受他的思想支配。这种办学思想每位校长都有，就像人人都有世界观一样。他的理念先进，就是先进的办学思想；他的理念保守，就是保守的办学思想。

参加过一些校长办学思想研讨会，常见将某个校长的办学思想用几句话甚至几个字表述，我以为这样难免失之偏颇。一个人的思想是个非常复杂的东西，不可能用几句话描述确切，甚至多数时候校长自己也很难表述他的办学思想。

我以为理清一个校长的办学思想，应该追问校长这样几个问题：

什么样的校长是好校长？

什么样的学校是好学校？

什么样的教师是好教师？

什么样的学生是好学生？

什么样的工作方法是科学的？

通过对这些问题答案的梳理，能够基本把握校长的办学思想。

但更复杂的是，对问题的回答和实际行为是两个概念，所以过去将考察一个人要“听其言”还要“观其行”。如果是分析别人的办学思想，应该需要对那位校长的行为进行冷静的分析，而不是听他怎么说；如果是理清自己的办学思想，那么就要对自己的行为进行反思。校长隐性的理念，校长真正确认的东西，才是校长的办学思想。

世界观决定方法论，校长有什么样的办学思想，就会有什么样的办学实践；反过来，对于一个校长方法论的研究，肯定也可以推导出这位校长的办学思想是什么，这种方法应该更准确。我们要研究一个校长的办学思想，应该分各个侧面进行研究，特别应该研究这个校长各个侧面的工作的案例，这样的研究才有实际意义。

上面提到的五个问题中，“什么样的学校是好学校？”和“什么样的学生是好学生？”这两个问题尤为重要。这是校长的学校观和教育价值。

教育价值观具有社会全员性，每个人都有教育价值观。教育就是让学生考大学；教育就是要完成上级交给的各项任务；教育就是把上级要检测的科目考好，把上级机关开展的活动搞好。这些都可以满足一部分人认为的好学校的条件。但这些都是被动的校长。被动的校长是屈服于各种压力。主动的校长是坚持自己的办学理念，真正地实施素质教育。倘若按照这样去衡量校长的办学思想，有几个校长的办学思想是真正先进的呢?

办学思路

办好一所学校，要根据先进的教育理念，认真审视内外部环境和自身特点，确定一条明确的工作思路。我个人认为，办好一所学校，应该具备六方面的条件，即：清晰的办学目标；独特的学校发展策略；和谐的干群关系；科学的管理方式；宽广的教育资源视野；发展中的教师群体。

基于这种认识，2002年至2005年，我到北关小学的第一个三年，都是这样一个办学思路：以“教学相长、师生成才”为办学理念；以“和谐的文化内涵、优美的学校环境、一流的办学质量、鲜明的学校特色”为办学目标；以“师生参与学校管理”为常规管理研究的着力点；以“基础、参与、整合的教学模式研究”为教学研究的着力点；以“家校互动，提高德育实效”为德育研究的着力点；以“现代信息技术在城镇小学后勤管理中应用”为后勤研究的着力点。走科研兴校的内涵发展道路，全面提升学校品质。

这一办学思路，以“教学相长、师生成才”为办学理念，关注了教师的生命价值，即在发展学生的同时，教师要成才。办学目标的确定，符合我校学生特点——打工子女占多数和我区的时代要求。办学策略的确定，符合学校的内外部实际，如保持学校的某些优势，克服生源萎缩这一现实。各项工作选准着力点，保证了各项工作有突破口。每项工作都在总课题的引领下，形成学校工作一盘棋。

这一工作思路，是2002年提出的，虽然文字表述上有个别改动，但总的思想没有改变，保证了工作的连续性。实践表明，这一工作思路是科学的，也是切实可行的。坚定不移地按照这一思路工作，我校的各方面工作有了长足的进展。这一思路的贯彻，激发了教师的积极性，成才意识明显提高。骨干教师群体的形成证明了这一点。学校规模不断扩大，提高了办学效益，也证明了思路的科学性。

学校特色

学校要有特色，这是教育市场竞争的基石。没有特色就不会在教育市场上占有一席之地。

学校特色的确立应该综合考虑几种因素：

学校的大环境。

社会对人才的需求。

学校教师的条件。

学校学生群体的构成。

不应该脱离开学校的大环境考虑特色。学校的大环境不一样，学校的功能就不一样，能做的工作也不一样。

学校特色要考虑教师的条件，教师的条件不具备，巧妇难为无米之炊。

学校特色还要考虑学生群体特点。北京的硅谷——中关村附近的学校，知识分子密集，家庭教育良好，家长期望值很高，和一所郊区农村学校就有很大区别。

特色可以分为艺术特色、科技特色、体育特色、外语特色、德育特色、教学质量特色等等。要使自己的特色成为品牌，到教育市场中竞争，首先就要考虑附近的受教育群体的家长需求、学生需求，因为他们是我们的顾客，我们是为他们服务的，没有他们的认可，特色很难成为品牌。

例如学生群体以打工子女占多数，我们如果确立艺术特色，显然离他们很远，家长本身无暇欣赏艺术，对孩子的期望值也不在这些方面，对艺术教育的投入也不认可。他们所认的品牌是教学质量，他们最大的愿望是使孩子通过上学改变命运。因此他们认的是与升学考试有关的品牌，例如教学质量是他们的首选品牌，其他如外语特色，与升学考试密切联系，也是他们喜欢选的品牌。

追求特色要考虑受教育群体的特点，同时也要发挥好学校的主导作用。即使面对的是想通过上学改变命运的群体，在把教学质量作为品牌追求的同时，也不能滑到应试教育的路上去，而是要在追求教学质量的目标指导下，培养社会需要的人，这是办学者应有的社会良知。

凝聚人心

凝聚教师人心有很多人提出了许多办法，最典型的是：感情留人；事业留人；待遇留人。

提出这种方法的人非常精明。这三者校长最容易做到的是感情留人。最难做到的是待遇留人。这是我国收入体制的特殊性决定的。我国的教师收入体制使校长处于非常难堪的境地，就是由学校自筹资金改善教师待遇，学校的环境条件不一样，起点不一样，因此收入就不一样。在一个区域内，只能有一所学校，即待遇最高的学校敢说凭借待遇留人。事业留人这一条深究起来也很难做到，因为凡是不能给教师待遇提高的学校，资金相对都很窘困，培养教师是需要资金的，推出教师是需要学校搭建平台的，不能有推出教师的发展策略，谈事业留人就是空的。

从另一个侧面——教师角度去考虑，至少多数教师最关心的是待遇，其次是自己在这样的学校能不能发展。教师发展的目的也不一样，事业型的仍然是少数，多数仍然是考虑自己的发展会使自己今后有更好的机会，在市场竞争中处于更有利的位置。这是符合市场经济人们对自身价值实现的追求的。在学校资金窘迫的时候，感情留人非常苍白。这样的校长怎么办学？这就对基础薄弱校的校长提出了严峻的考验。

学校文化

“与善人居，如入芝兰之室，久而自芳；与恶人居，如入鲍鱼之肆，久而自臭”。这句话形象说明了文化对人的影响。

学校文化，是学校长时间形成的，被所有人所共有的。它能够影响组织中人的习惯或氛围。由此可以看出，学校文化有积极的学校文化和消极的学校文化之分。积极投身教学改革、务本求实、努力超越自我是一种学校文化；不思进取、甘心做个教书匠是一种学校文化。这些学校文化影响着每一个教职工。

应该建立什么样的学校文化呢？应该是积极学习，学以致用；团结和谐，互相包容；互相支持，相互切磋；敬业爱生，面向全体。

描述出来应该是这样的一所学校：当早晨到校后，教师们的心情像阳光一样灿烂，坐在整洁的办公桌前，思考一天的工作，兴奋而自信。因为昨天又想出了一种方法保证学生得到发展，忍耐不住地向同办公室的教师谈谈，其他教师或由衷地赞许，或善意地提出他的创意还有哪些地方能够改进。于是都高高兴兴地投入了一天的工作。

怎样营造这样的气氛，塑造学校的文化呢？大致应该是从坚持不懈的引导、丰富多彩的活动、校长的以身作则、环境的建设等方面推进。

学校发展

一个学校的发展，包括教师发展、学生发展、学校发展。教师的发展、学校的发展，最终要落脚在培养学生。

就学校的功能而言，校长更多考虑的应该是学生的发展。就是说我办一所学校，要培养什么样的学生。2002年7月22日在北京举办的中外大学校长论坛上，哈佛、牛津大学校长都认为“一流学生”具备的三方面素质：创造性、广泛的兴趣、独立思考。我个人非常赞成这种说法。同时我认为，一流小学生素质的排序应该是：广泛的兴趣、独立思考、创造性。小学阶段最主要的是应使学生对各方面都有浓厚的兴趣；养成独立思考的习惯；同时在学校的教育教学中努力培养学生的创造性。

校长以这样的思考点思考学校的发展，就提出了相关问题。培养这样的学生需要什么样的教师，需要什么样的教育教学设施，这是有序地思考问题的方法。

要培养这样的学生需要什么样的教师和设施呢？

广泛的兴趣：改变过去那种只会教书本知识；改变牺牲学生的学习兴趣追求知识掌握的认识。需要有更加科学的教育方法，让学生觉得学习有意思。教师的兴趣要广泛，要把自己的兴趣传染给孩子，培养孩子的兴趣，支持孩子的自发兴趣，有独立思考习惯，摈弃灌输式教学，放手让学生研究。提倡自主探究，不追求一律。

有创新意识：培养学生标新立异的意识。

这显然对教师原有的教育观念提出挑战。原有的教育方法有待迅速更新。原有的学生观、质量观有待于重新认识。同时学校组织的活动应该更加适合小学生的特点。

学校的设施设备有待于按照培养这样的学生的标准去重新规划设计，为孩子各种各样的兴趣爱好提供必要的设施设备。要有学生展示标新立异的舞台，创建适合学生发展的学校。

教科研

都谈要用科研引领学校，或者说是“科研兴校”。但不是所有的科研都能兴校。学校引导教师搞什么样的科研非常重要。很多人热衷于搞前沿的东西，或者很大的东西，认为这才无愧于科研的称号。选题比着前卫，内容比着高不可攀。虽然老师付出了大量的劳动，出来的成果一堆，但教师毕竟不是科研工作者，真可以算作科研成果的寥寥无几。教师喊累，教育科研工作者皱眉，又不好打击教师的积极性，还要说有价值。又有很多校长为了提高科研水平，热心聘请专家，迫使科研工作者为教师出谋划策，甚至使教师的科研成为对科研工作者已研究出的成果的验证，失去了科研的意义。

形成这种局面的原因，与我们对教育科研的定义有关，我们太在意所谓的“科学研究”了；也与我们的领导的引导有关，我们要教师搞的课题也太让教师勉为其难。翻看一下我们的“十五”或“十一五”科研规划课题分类中的各种课题，哪个课题是真正给教师的？研究这样的课题，也有可能确有教师在教科研方面取得了丰硕成果，但只是凤毛麟角。

教师的本职工作是教书育人。能够把书教好，把孩子培养成人，已经不易，脱离开本职工作去搞理论，是教师工作的错位。

教师科研的目的应该是研究自己遇到的问题。立足于本职工作，遇到难解的问题了，想办法，去实验，没成功，换个办法再搞；成功了，写出来，就是成果。这是鲜活的东西，其他教师也有借鉴意义，往往能收到事半功倍的效果。

例如我曾经针对学生参与意识不强，进行研究，命题为：在农村小学培养学生参与意识的研究，为了提高学生的参与意识，我还学生以参与权，并在教师授课过程中把学生参与的广度、深度、效度作为评价课堂教学的指标。经过一段时间的试验，有效果。写出来了，至少对我的一个学校有意义，我的研究没白费。发表出来了，对其他小学有这方面问题的也可以用，意义就更大些。这篇文章后来获全国素质教育征文一等奖。这样的科研立足于本校，解决本校的问题，这才叫校本科研，才能起到学校领导学校教师搞科研的作用，这样的科研才能兴校。

德育低效

教育受着无数的指责：德育低效，教学内容繁、旧、难，教学方法陈陈相因，学校安全事件时有发生，个别教师体罚和变相体罚；教育乱收费，教材商业贿赂，教授论文造假……学校阴暗面屡屡见诸报端。当人们反复接受这些信息以后，虽是个别现象，但也不能不令人产生联想：学校不再是神圣的知识殿堂，而是藏污纳垢的场所。教师不再是太阳底下最光辉的职业，而是道貌岸然的伪君子。

出于我国传统对孩子教育的热心，似乎只要是学校的信息，总有人关心，总有人阅读。关心人数越多，学校就越阴暗。所以似乎人人都对教育表示怀疑，人人都对教师充满抱怨。

教育关乎国运，百年大计教育为本。倘真现在的学校如人们对教育的褊狭认识，那么可以预见，中华民族的伟大复兴将是一句空话。而事实是，人们对中华民族的伟大复兴都抱有坚定的信念，为什么？因为我国近年来的综合国力连年上升，我们的各行各业人才济济，如此不堪的教育，如此不堪的教师，怎么会能在知识经济如此发达的今天保持国力的增强？很明显，教育是做出了很大贡献的。

教育承载者——学校和教师是功不可没的。

为什么会造成如此巨大的反差呢？关键问题是舆论导向：教育战线出现了无数可歌可泣的校长和教师，他们含辛茹苦，默默地工作，“文革”中的臭老九也罢，改革开放落实知识分子政策也罢，待遇低也罢，待遇高也罢，绝大多数人都在凭着人的良知勤奋工作。

全国教师总量是多少？全国的学校有多少所？这个如此庞大的群体，出现个别现象恐怕在任何国家都无可避免。一所学校动辄1000多名学生，某个学校出现了个别伤害也在所难免。我曾去加拿大，问那里的校长，在学校里如果孩子受到一些委屈家长到学校会怎么处理？校长说，一般家长到学校后都会向教师表示道歉，说自己的孩子让老师费心了，或者说让老师着急了。我们则不，如果自己的孩子有错误则罢，如果无错误，肯定需要老师向他道歉。

现在，全民都在擦亮眼睛看学校是否在乱收费，家长尤其如此。一些家长就是在通过羞辱教师来寻求心理的快感。不要谈一日为师终身为父，也不用谈报恩或者说培养报恩观念，家长们都很理性，教师是工作，你不教我的孩子你就没饭吃，国家给你工资了，不用我们报恩。

如此扭曲的国民观念，何时才能有改观？教育何时才能走出尴尬！

知识与能力

现在流行得说法：“能力比知识更重要。教学生怎样学，比学生学到什么更重要。”我个人认为这样的说法粗略地想应该没问题，但深入去想，这样的观点不符合实际。

在周围或实践中，我还没发现这个人只有能力 而没有知识的现象。也许我们见到了某个人学历不高能力很强，那是因为我们把知识等同于学历。如果我们仔细地熟悉那个人，就能够了解到，他在某些方面的知识是很丰富的。

同样，也没有发现学生知道了怎么学，却对于学的什么没有掌握这种现象。试想，怎么会出现某个学生学会了分析一篇课文的方法，却不知道所学课文内容是什么呢？

我个人认为，知识与能力的关系是：有了知识不一定有能力，但如果要有能力必须有相关的知识，决不能用培养能力的说法，掩盖教学中基础知识未夯实的错误现象。因为学生基础知识的掌握，要的是教师和学生的真功夫。

教师要充分重视学生基础知识的掌握，必要的作业必须布置，过重负担要不得，过轻负担是对学生的不负责任。要继承我国学校教育重视基础知识掌握的优良传统。

在基础知识的教学中，努力培养学生的基本能力和基本学习习惯。

学校后勤

后勤工作是服务保障性工作，对一线教师的工作，对学校的正常运行，对学校财物的保护，起着非常重要的作用。

学校无论大小，总务工作要管的面是相同的。包括：财务室的会计、出纳、统计；学校财物保管员以及下辖的各器材室保管员、维修工、卫生工、门卫、采买、食堂管理员、食堂师傅、校医、档案员、图书管理员。有的岗位还不是一个人。

但关键问题是：现有的师资编制，以上这些岗位不可能都有专门人员，而多数岗位的技术要求都比较高，可以说要把那项工作做好，需要的是专门人才。这就出现了工作需要与人员数量、人员素质之间的矛盾。

这些工作做不好，影响着教师的积极性，影响着学校的正常运行，容易出现学校的财物利用率不高。这些工作要做好，必须有专门的懂得专业技术的人。

要解决这些矛盾首先校长要对后勤的工作岗位、工作性质、工作范围、工作量的大小心中有数。明了这些，才能在排兵布阵、调兵遣将时游刃有余。

要计算每个岗位的劳动量。劳动量的计量，就与岗位职责标准联系起来。

岗位	工作量
财务室的会计	月初，月末，年终，年初工作繁忙，也可以说会计的工作闲暇应该在 2—11 月的 8 日 — 23 日，这样三周中可以安排一些其他工作。
出纳	繁忙时期是与会计同步，但比会计多了临时性工作，分配其他工作应是时间要求不紧的。
统计	年末 11 月中旬—12 月工作量较大，其他时间可以安排工作。
学校财务保管员	一些临时出入库，每学期初 1 个月和学期末半个月工作量大。
各器材室保管员	相对较少，每个学期有一周时间即可。
维修工	一般工作量不大，临时有。
卫生工	工作量大。
门卫	工作量大。
采买	临时性较强，总体工作量不大。
食堂管理员 食堂师傅	工作量大。
校医	临时性工作，安排其他的工作要能随时抽身。
档案员	年末 0.5 个月，年初 1 个月。
图书管理员	每周限时借书还书，平时登记整理。

了解了每个岗位的工作量，我们就可以将这些工作或分散给任课教师，也可以将一些工作合并，还可以让后勤岗位人员做一些一线工作。

其次，要有明确的岗位职责，职责标准应达到让教师满意，保证学校工作正常进行，保证设备使用率。

因为后勤工作是技术性很强的工作，所以聘用人员要事先选好，要了解准备聘用人员的相关技能、年龄、性格特点。聘用之后，相对要稳定，忌讳频繁调动这些人。同时要给这些人以相关技能的培训，使他们能够胜任这些工作。要像重视培养一线教师那样培养后勤人员。

要加强这些人的管理，“后勤”应该这样理解，定位为你不是站在前台的，你做的是幕后的工作，是奉献型的工作，出头露脸不会有。第二个特点是“勤”，后勤工作相对自由度比较大，时间观念相对于一线教师来讲不是太强。懒人、工作被动、等领导指派的人做不了后勤工作。要加强后勤工作的检查，按岗位检查，并要定期召开后勤工作会，反馈他们的工作，集中是对勤奋程度的反馈。后勤管理最终目标是：“事事有人管，时时有人管，处处有人管”。

和谐校园

一个校园和谐与否的标准是什么？什么是和谐？

和谐是个人的内心体验。安全是第一位的。在这个学校里，每个人都应该有安全感。包括人身安全，也包括心理安全。特别是学生，每天都要为老师是否训斥自己而担惊受怕，他就不可能体会到校园的和谐。一个教师，如果他见到领导总是畏畏缩缩，同事总是挤对他，他也不可能感受到校园的和谐。

和谐是别人对这个校园的感觉。进入校园，见到教师们朝气蓬勃，心情舒畅，待人接物落落大方。教师同学不畏首畏尾，总怕什么事情没做好而惹得领导和教师不高兴。其实观察教师和同学的眼睛表情，就可以看出他是不是在一个和谐的校园内。

和谐并不是说没有矛盾产生，而在于矛盾产生后的处理方法和处理时间以及效果。

和谐校园有不同层次的和谐。

一种是强制形成和谐校园。其表象特征为：教师之间彬彬有礼，同事之间都很克制，教师的自我保护意识很强，有意见也不提，自己做好自己的本职工作。这样的学校一般是通过强势领导形成的，通过严格的制度管理，学校达到一种强制性稳定。这样的学校不会有明显的矛盾反映出来。问题是这样的学校很容易产生发展的顶峰，即人人做到了领导要求的程度而不再进取。

一种是自觉形成的和谐校园。其表象特征为：教师彼此之间既彬彬有礼又肝胆相照，教师的心情很放松，都自觉地克制自己而不使人不舒服。这样的学校一般是通过民主型领导形成的。通过民主管理，使人人尽可能的心情舒畅。即使彼此之间出现矛盾也能够通过恰当的方式予以解决。

促成校园和谐的因素：

1.有德高望重的教师。

2.学校的正气和班子的和谐。如果学校班子是非常和谐的，基本上说班子的和谐直接影响着教师的和谐。这一方面是榜样作用，更重要的是教师都想得到班子人员的承认和关注，如果班子人员不和谐自然教师就要分派，去分别追随班子不同的人，这样就造成了整个集体的不和谐。因此班子成员的和谐是学校最大的和谐力量。

影响学校和谐的因素：

1.学校领导班子成员之间不和谐。

2.个别说话不讲方式的教师。

3.有些教师过于自私。

4.有的教师过于争强好胜。

5.由于校务不公开造成弥漫开来的猜疑。

家 训

“家长和教师之间必须进行真正的对话，儿童的协调发展要求学校教育和家庭教育互相补充。”（《教育，财富蕴藏其中》P96）

家训，是家庭中长辈对晚辈的教导和告诫。侧重于对思想道德和行为习惯方面的训诫。

我国有非常重视家庭对子女教育的传统，“子不教，父之过”。家庭教育方法也很多，家训是其中之一。家训历史悠久，给后代留下了宝贵的遗产。著名的如《朱子家训》《颜氏家训》等。

家训内容丰富，涵盖了一个人一生应坚持的行为准则和道德要求，如“黎明即起，洒扫庭除”等。

家训对子女起着非常重要的作用。岳母刺字“精忠报国”时时激励着岳飞忍辱负重、抗击金兵。

随着社会的发展，以及对价值多元化的推崇，以及所谓蔑视权威，家训的意义淡化了。

家训被淡化，但不能淡化的是长辈对子女的教育。虽然少见成文的家训，但父母对子女的教育会在口头上或行为中时时体现。从广义上说，家家都有家训。父母肯定会教育孩子：不能拿别人的东西；不打架骂人等，这都是家训。只不过这些家训不系统，随意性很强。同时，这种随意性的家训中也包含着很多的负面内容，例如“出去不能吃亏，打坏了别人，爸爸妈妈（或爷爷奶奶）去给他瞧”、

"学什么雷锋，谁学雷锋谁是傻子"、"学习成绩是最主要的，你只管学习"等等。

为了加强未成年人思想道德教育，有必要对家训这种形式予以继承，也有必要对家训内容进行系统化。

校长听课

校长听课的任务不应限于了解教师的教学水平和给教师课堂教学水平分类；也不应限于找出全校存在的共性问题，然后组织学习。这种概括的模糊的学习对校长了解学校情况有帮助，而对教师帮助往往不大。

校长听课也应该关注个体，立足于个体的培养，这也符合因材施教的原则。校长告诉教师具体问题，并给出相应的建议后，教师不可能一两天就解决了问题，应该给教师一定的学习和提高的时间。例如给一个月，一个月之后再听课，主要听学生的课堂常规，听教师组织教学的方法。这样关注个体的听课，对教师提高效果更佳。

对于听优秀教师的课，往往校长的教学水平低于优秀教师。但是校长至少能够听出这节课好在哪里，一方面当感觉到这位教师的课的特点需要向全体教师推广的时候，校长要舍得拿出精力、时间为优秀教师搭台，组织公开观摩课。另一方面，如果恰恰学校里有某几位教师是这方面的弱项的时候，校长要起到穿针引线的作用，及时结成临时帮扶对子，采取师傅带徒弟的办法，这样做校长省力，也能调动双方的积极性。

文明素质评价

仔细分析孩子的文明素质。从知识层面讲，该怎么做，不该怎么做，多数要求，学生是知道的。从执行层面讲，学生的文明素质在学校表现最好，其次是在家庭，最差是在社会的表现。以“不乱扔垃圾”为例。在学校，在家庭，都基本能做到。而到了社会上，就差得多。极端的例子是我看到有的孩子从学校值日完的垃圾，不倒到街上的垃圾箱中，而是随便倒到什么地方。

究其原因，我认为有两个方面：一是要求的不一致。家长包括教师对学生破坏家庭环境和学校环境肯定要批评教育。而对破坏社会环境，则要求降低得多，这是客观原因。另一方面，主观原因是学生诚信的缺失。失去监督之后，学生会放纵自己。

教育乱收费

随着捐资助学与学校利益关系的脱钩，从2009年开始，应该就不存在教育乱收费问题了。因为家长的捐资助学和学校没有任何的利益关系。没有利益关系，学校就没有了收费的动力。

为什么还存在着捐资助学的现象，这里有两个“无奈”。

一是家长的无奈捐款。家长对于孩子的教育太重视了，因为孩子是家庭的希望；孩子将来的幸福生活取决于孩子所受到的教育。然而，家长又不懂教育，心理只有一个理念，“贵的，就是好的。”所以哪个学校收费高，就直奔哪个学校。

二是校长的无奈。由于历史的原因，一个区域必定存在着一部分品牌学校，当家长纷纷奔赴品牌学校时，校长只能拿出捐资助学这一方法来调控生源。非品牌校为了提高自己学校的社会声誉，也必须要求家长捐资助学。因为这些校长担心，家长的另一个理念，“不收费的就是次品”，不让家长交捐资助学款，仿佛他对不起孩子，委屈了孩子。

破解的办法：

1.科学划定招生范围。

2.公平分配优质教育资源。

3.合理配置师资。校长和教师的合理流动。

4.学区化管理，结帮扶对子。

5.舆论导向。

榜 样

有人说：现在是一个世俗化的时代，再也没有英雄了。其实英雄就是榜样，就是学习或追求的标准。人人都要学习，人人也都有追求。要学习，要追求，标准肯定是有的，怎么能说没有榜样了呢？倘真没有榜样，这些年中央电视台推出的评选“感动中国”这一档节目，怎么会有那么多人参与，又有那么多人为之感动呢？

“榜样的力量是无穷的。”榜样在人的成长中起着指引和激励的作用，从一个人心目中的榜样，可以看出他是怎样一个人。

我们对孩子进行道德品质教育，一个重要的方法就是给孩子树立榜样，这个榜样在他的心灵中受到的震撼越大，头脑中的形象越清晰，教育效果就越好。

然而我们耗时费力的道德教育，给孩子树立榜样了吗？我校为了开展“家校互动，提高德育实效”这一课题的研究，做了一份调查，其中一道题目很简单：

1.让父母写出对自己感动最深的两位 “忠孝”名人。

2.让孩子写出对自己感动最深的两位“忠孝”名人。

结果出来后，我发现了两个问题：一是父母和孩子所共知的忠孝名人重合率非常低；一是孩子们所写出的忠孝名人重合率也非常低。这两个低重合率说明：父母和孩子心中的榜样不一样了；也说明孩子的心目中榜样也很分散。过去在人们的心目中，像雷锋、王进喜、黄继光、罗盛教等各方面的榜样，像丰碑一样屹立在人们心中，永远那样高大，永远那样鲜明，甚至他们融入了民族精神。而今这些英雄人物因为我们的宣传和教育的不够，在孩子的心目中不那样高大，不那样鲜明了，甚至可以说在社会中这些丰碑似的英雄坍塌了。人们的心目中似乎一些歌星、球星的形象更加高大了。然而这些“星”们又不能起到榜样的作用，因此青少年的道德标准模糊，道德行为失范。

教育改革

现在，不少所谓的理论家对我国的基础教育提出了质疑，都认为我们所教的学生知识扎实，而灵活性创新性不足，所以要改。

我个人认为，要改的重点不应该是教学方法，而是课程体系、教材设计、学生的学习条件。可以设想，从山村小学出来的大学生，综合素质绝对不会高于北京城区的学生，因为他眼界窄、接触的东西不多。他到了超级市场发愣，这是自然的，这些对他都是新的东西。只说山区学校的教学方法有问题，恐怕不是客观和科学的态度。试想一下，山区学校的学生如果再不把学生的知识砸瓷实，恐怕到了大学素质就更糟，甚至都没有到大学的机会。我们到发达国家留学的学生，出现短期的不适应，道理是一样的。我这样说的意思是，我们的教师要进行教学改革，但绝对不能丢掉我们的优良传统，学生的基础知识必须扎实。你的改革是应该在扬双基夯实这个基础上，再谈其他的东西。同时，改革目的性要强，决不能为了趋时而改革。

一个人的综合素质现在越来越感觉到是多方面塑造成的，例如学生的思想品质：家庭影响、社会传媒、社会风气、公民素质，我说这些所起的作用不会比学校更小，不可低估。作为学校的思想品德来讲，主要是养成教育。在学校里不能骂人、着装整洁、养成基本的礼仪规范、讲卫生、能和别人和睦相处。这些能落实了，我们的思想品德就是有实效的。学校的中心工作还是教学，教给学生一些知识，培养学生一些能力，这是办学的目的。我不同意有些学校以劳动为主要的方向，那是校外机构该干的事。我也不赞成一个学校组成一个非常高级的乐团，就说明这个学校水平高，一方面可以说明这个学校的生源好，家庭条件好，有条件让这些学生参加课外特长班。如果完全是这个学校的功劳，恐怕学校耽误了这些学生的学业。

欣赏教育

近年来，报纸上时有青少年自杀报道。分析自杀原因，在成人看来实在不是什么充分的理由。如花的生命就这样轻易抛弃了，然后就要追究责任，有的是同学间闹矛盾了，有的是教师体罚或变相体罚了，有的是家长对孩子管教严厉了。于是不少人痛心疾首，板子打向学校，大声呼吁要加强师德教育、要改革评价方法，要普及无批评教育，还给孩子一个快乐的童年。于是这一代孩子在家，家长要宠着；在学校，老师要哄着，幼小的心灵受不得半点刺激。于是孩子快乐了，像温室里的花一样，开得非常美丽。

问题是社会是不是像温室一样，总是这样迁就我们的下一代？被呵护的一代，他们还是否能担负起实现中华民族伟大复兴的重任？

有个哲人说，我们的很多事是爱走极端的。思维方式非此即彼，现在至少在教育上还有体现。原来提倡师道尊严，讲究礼教，束缚得孩子只能唯命是从。教育界也确实出现了个别现象，因为个别教师心灵扭曲，体罚孩子现象令人气愤。但是，不能因为个别现象，就走向另一个极端。而今“师道”哪里还有一点“尊严”。举个常见的例子，学生上课淘气影响其他人了，这应该是中外学校普遍的一个问题。试想教师提醒后如果学生不听，谁能（包括校长、家长、教育家）说说教师应该怎么管理？教育吗？教育不是万能的；批评吗？担心“幼小的心灵受到伤害”，何况有些人还提倡无批评教育；把学生请出教室吗？无人看管出了事由谁负责？找家长配合吗？且不说家长是否有时间，就是有时间，也经常会听到家长瞪大眼睛疑惑地问：“学校出现的问题还要家长管么？”就这样一个普遍的问题，在中国教育界都无法达成共识，老教师都束手无策，何谈尊严！

独生子女，在家里太宝贵了，家长舍不得管。在学校，校长不让管，怕家长和学校产生矛盾；老师也不敢管，因为“法律意识”提高了。孩子成了全社会呵护的对象。但是，孩子不会永远是孩子，社会不会永远这样呵护他。孩子需要必要的惩戒，需要增加一些心理承受能力。

《红楼梦》中的管理

导读：《红楼梦》是我从小就喜欢的一部文学作品，我读了很多遍。做校长之后再读，感觉到对管理也有很多启示，于是在闲暇时，对重点章节进行了分析，写了一系列的从红楼中学管理的文章，说是从红楼中学管理，不如说是从管理的角度解读红楼。

如何树立新任校长的权威

《红楼梦》第五十五回《辱亲女愚妾争闲气 欺幼主刁奴蓄险心》中有一段探春新任领导后树立自己权威的内容，非常精彩。

《红楼梦》中的大观园本来是由王熙凤管理。王熙凤是个人见人怕的角色，用铁腕管理着大观园。但王熙凤病了，让李纨和探春管理。小说中有这样几句："众人先听见李纨独办，个个心中暗喜，因为李纨素日原是个厚道多恩无罚的，自然比凤姐好搪塞。便添了一个探春，也都想着不过是个未出闺阁的青年小姐，且素日也最平和恬淡，因此都不在意，比凤姐儿前更懈怠了很多。"

这就是新任领导面临的困难。可以说：所有的被管理者在高压政策下，都希望有一个比较人性化的领导。但当真有一个比较人性化的领导的时候，极个别人的思想中就会出现这样的因果关系：

"厚道、多恩、无罚"会导致"暗喜"和"好搪塞"；"平和、恬淡"会导致"不在意"和"懈怠"。

因此，新任领导在工作中一方面要坚持对教师的尊重，同时也要注意自身权威的树立。二者结合，恩威并重，才能够有效地开展工作。

探春树立自己的威信，是围绕"赵姨娘的兄弟赵国基昨日死了"这件事，探春应该如何进行补助而展开的。

"彼时来回话者不少，都打听她二人办事如何：若办的妥当，大家都安个畏惧之心；若少有嫌隙不当之处，不但不畏服，出二门还要编排出许多笑话来取笑。"

可见新任领导无论是异地任职还是就地提拔，存在的第一个问题就是极个别人的试探：如果人们认为领导有能力，则“安个畏惧之心”。没能力则不单单是“取笑”，还可能一味地“懈怠”和“搪塞”下去。

探春针对种种试探，则表现出很高的处理事务的能力，很快树立起自己的权威。

对故意为难者，给予坚决回击。下人吴新登媳妇第一个出场发难：在讨要赵国基的丧事处理补助金时，不提出以前类似事情的处理方法让探春作参考，即使探春向她询问时，她还是故意隐瞒，想瞧探春的笑话。探春义正词严：“你办事办老了的，还记不得，倒来难我们。你素日回你二奶奶也是现查去？若有这道理，凤姐姐还不算厉害，也就是算宽厚了！”被探春当面揭露他的伎俩后，吴新登家的“满面通红，忙转身出来。”“众媳妇们都伸舌头……”

探春此时面对试探和故意为难者，给予了坚决的不留情面的回击，起到了很好的震慑作用。

新任校长在处理有关教师赏罚时，自然也要很好地继承以前的传统，继承的依据一方面是翻看过去的相关制度，另一方面可以向有关人员询问，在询问过程中可以分辨出哪些人是支持校长的，哪些人在试探。对于存心试探者必须严肃对待。

对想依仗自己的权利从中捞取好处的亲戚，不留情面。实际上，赵姨娘是探春的生母，死者赵国基是探春的亲娘舅。赵姨娘想通过大权在握的探春的关系，通过丧事让探春多批些银子。探春开始晓之以理：“这是祖宗手里的旧规矩，人人都依着，偏我改了不成?”当赵姨娘仍然不依不饶时，探春索性撕破脸皮，不认这个舅舅。“谁是我舅舅？……哪里又跑出来个舅舅?”表现出了大义灭亲的决绝，为树立自己的威信找到了恰当的机会。

新任校长上任后，老师们很自然的要观察校长处理问题是否公正。而其中过去的老关系中的某些人会考虑自己的私利，想通过校长受到照顾或者得到更大利益。此时校长必须分清工作关系和私人关系，妥善处理，才能在教师面前树立起自己的形象。

对同属管理层人员的息事宁人和讨好态度毫不妥协。在探春和赵姨娘矛盾激化的时候，和探春一起管理大观园的李纨想通过妥协，达到息事宁人,平息矛盾，暂时解决赵姨娘与探春的矛盾的目的：“她满心里要拉扯，口里怎么说的出来。”针对李纨这种回避矛盾的策略，探春直面矛盾，态度鲜明：“这大嫂子也糊涂了。我拉扯谁？……”如果当时不立即纠正李纨的做法，下面探春会非常被动，探春的处理，不给对手以任何奢望。

同时，前任领导王熙凤派平儿来充好人，针对死者赵国基的补助“若照常例，只得二十两。如今请姑娘裁夺，再添一些也使得。”这句话分明是在向两边讨好。但探春则是无论是谁都不留任何情面，“又好好的添什么？谁是二十四个月养下来的……你主子真个乖巧，叫我开了例，她做好人。拿着太太不心疼的钱，乐得做人情……”探春这种毫不妥协的决绝以及为了维护制度尊严不惜得罪领导的态度，极大地震慑了所有的人。

新任领导上任后，班子成员或者一些领导解决问题的办法可能和自己发生冲突，但只要是自己认为是正确的，就要坚定的坚持，否则会给人留下软弱的印象。

探春上任后，围绕赵国基之死的一系列举措，得到的结果是：这些媳妇们悄悄议论说：“大家省事罢，别安着没良心的主意。连吴大娘才都讨了没意思，咱们又是什么有脸的。”连平儿都说：“你听听罢，连二奶奶的事，她还要驳两件，才压得众人口声呢。”至此，探春树立起了自己在大观园中的权威。

探春树立威信的办法平儿总结的最好：“正要找几件厉害事与有体面的人开例做法子，镇压与众人做榜样呢。”这就是新任领导面对乱局的管理之策：要找“厉害事”解决，方显自己的处理问题的才能；要拿“体面人”开刀，方显自己的不徇私情，刚正不阿。

新任校长的改革方法

《红楼梦》第五十六回《敏探春兴利除宿弊　时宝钗小惠全大体》中描写了探春主持大观园工作之初，所做的几项兴利除弊的工作，对新任校长很有启发。

探春在树立起自己的威信之后,就开始了改革，其中重要的一项是对大观园内的后勤管理。

明确改革的内容和目标。大观园里的花草园林、土地耕种原来都是通过花钱雇人来管理。这样花草树木以及土地耕种管理的好坏，与雇工的收入没有任何关系。雇工们难免积极性不高，偷偷地“吃酒赌钱”，偷懒耍滑。探春找到了需要改革的项目后，着手对此进行改革。

改革的内容是：“在园子里所有的老妈妈中，拣出几个本分老成能知园圃的事，派出她们收拾料理，也不要她们交租纳税，只问她们一年可孝敬些什么。”改革的目的她总结为四个：“一则园子有专定之人修理，花木自有一年好似一年的，也不用临时忙乱；二则也不至作践，白辜负了东西；三则老妈妈们也可以借此小补，补往年日在园中辛苦；四则亦可以省了这些花儿匠山子匠打扫人等的工钱。”

对改革的方案进行充分论证。改革的项目和目标确定以后，着手制定改革方案。在制定改革方案的时候，第一步：成立了改革筹备领导小组，除她自己外，还邀请了宝钗、李纨和平儿。第二步：先通过调查群众思想，摸清群众对改革的态度。“探春听了，便和李纨命人将园中所有婆子的名单要来，大家参度，大概定了几个。又将她们一起传来，李纨大概告诉与她们。众人听了，无不愿意……”第三步：进行具体方案的制定。制定具体方案时，开了讨论会集思广益：“他三人说道：‘这一个老祝妈妈是个妥当的……这一个老田妈是种庄稼的……’”探春、李纨、平儿、宝钗纷纷发表意见，使得方案更加完善，所选的人员人尽其才，为保证改革实施的顺利进行奠定了基础。

合理进行利益分配，调动所有人员的积极性。探春此项改革的基本理念是“使之以权，动之以利，再无不尽职的”。（李纨语）为此，他们在分配利益上不断进行讨论调整。最初的想法是直接负责的人，所得收益除了赏给他们，所得余利，还要上缴。宝钗则提出了“如今这园里有几十个老妈妈们，若果只给了这个，那剩得必抱怨”这一矛盾。并提出了解决问题的办法：“他每人不论有余无余，只教她拿出若干贯钱，大家凑齐，单散与园中这些妈妈们。……一年在园里辛苦到头，这园内既有出息，也是分内该沾带些的。……他们也沾带些利息，你们又照顾不到，他们就替你照顾了。”这样的分配方案，使所有人多受益，避免了很多矛盾。

加强思想教育，晓之以理动之以情。改革方案公布后，群众更多的想的是所得利益。改革如果不把产出弊端作为重要内容，就会使改革多付成本，少见收益。此时宝钗表现出了她的精明。众婆子听了方案后“欢喜异常”。宝钗则有一段推心置腹的思想教育：开始就直奔主题“你们只要日夜辛苦些，别躲懒纵放人吃酒赌钱就是了。”然后从正反两方面讲道理：“你们是三四代的老妈妈，最是循规遵矩的，原该大家齐心，顾些体统。”“倘若被那几个管家娘子听见了，他们也不用回姨娘，竟教导你们一番。你们这些年老的反受了年小的教训。”“我如今替你们想出这些额外的进益来，也为大家把这园里周全的谨谨慎慎。”这些教育句句替他们着想，感激地这些人说“我们再要不体恤上情，天地不容了。”

制度与制度之外

那年到加拿大，处处发现那里人们的文明素质确实高，法律观念非常强。我不知什么心理在作怪，总想找到他们的一些毛病。在一次乘坐出租车的时候，发现司机没系安全带。我有些幸灾乐祸地询问我们的生活翻译，让他做出解释。原来加拿大的交通法规规定：司机，凡单独驾车必须系安全带，如果有人坐车，可以不系安全带。我追问原因，他解释说万一遇到劫持者，司机容易逃脱。国家的法规细致到如此水平，真是叹为观止。

由此我想到了哈佛校长陆登庭的一句话：“哈佛的成功主要是形成了一种明确的办学理念，一套系统的规章和机制，所以现在即使没有校长，哈佛可以照样正常运转。”

北京人大附中校长刘彭之也说过：“做一任校长，总要给学校留下点‘礼物’，而最好的‘礼物’之一就是一整套规章制度。校长和规章制度的最佳关系，就是校长的办学思想都外化在所建立的规章制度之中了。”

因此可以说，校长最大的作为是制定和完善制度，使学校在一定制度规范要求下运行。正常运行中的问题即可以按照制度规范予以处理，校长根据制度处理问题自然驾轻就熟，甚至完全可以放权让其他领导处理。

有两种问题是对校长最大的挑战：一是制度要求之外的问题；二是制度要求之内的特殊情况下的问题。

制度要求之外的问题是指问题出来了，在学校原有制度中找不出处理的办法。因为制度总是滞后的，一般只有同样的问题反复出现，才会立下制度加以规范。当然这与学校的制度完备与否有关。但再完备的制度，也会有制度之外的事情发生。这类问题出现后，校长不能仅限于把问题解决了就万事大吉，应进而迅速用制度加以规范。例如那年我校随着办公条件的现代化，购置了集排版、印刷为一体的一体机，减轻了老师刻印试卷的负担。但老师们在感觉到便捷的时候，大量印刷练习题，甚至老师给学生留的家庭作业都用一体机印刷后下发。这在给学生加重负担的同时，学校办公费的开支也大幅度增加，包括版纸、油墨、纸张。面对这种情况，我首先是在会议上规定：凡使用一体机印刷，都要经过校长或主管校长批准。这时老师们开始抱怨，“我们还不练习了”！我一方面做教师的思想工作，另一方面着手拟定《学校一体机使用办法》。办法中强调，一体机在学校和某个年级共同印刷同种东西时方可使用；使用时要填写使用记录：包括印刷内容、印刷数量并签字。一段时间以后，教师们逐渐适应了这一规定。制度一经确定后，就防止了问题的反弹。

再有就是我们所立的制度是针对普遍问题的，同样的问题也会有其特殊性。普遍问题中的特殊问题处理，需要校长深思熟虑，既要考虑当事人的利益，也要考虑今后再遇到类似的问题如何处理。如我校一个即将退休的教师患了乳腺癌，需要在家休息。自然学校有考勤制度，对病假有明确的处理办法。但是针对这名教师，如果严格按照考勤办法扣发工资，显然不近人情，并会给那名教师造成更大的心理压力。于是我们决定待遇不变。但一年之后出现了两名年轻教师一个患乳腺癌，另一个患乳腺良性肿瘤，都需要乳房切除。如何处理这两名教师的请假问题，就摆在了校长面前。按老办法执行，存在这么多的教师请假都待遇不变，三位教师的工作都加在其他人身上，容易造成教师之间的矛盾。如果按请假制度扣发工资，又有前面的处理办法挡着，会造成同样的问题不一样的处理，犯了管理的忌讳。出现这种困难局面，其实是自己造成的，如果出现第一个病例就将请假制度予以完善，对于恶性肿瘤类等危及生命的疾病，学校如何处理予以制度的规定，就不会出现现在的尴尬局面。为此我采取了同类病同样的处理办法，良性肿瘤虽然也做了乳房切除，但仍然按照请假制度执行的办法。随即制定了“四种大病请假制度”作为学校请假制度的完善，达到了一劳永逸的效果。

教师出现问题后的处理是最容易产生矛盾的时刻，要想避免矛盾，最主要的是学校要有相应的制度，并让教师熟悉学校的制度。当教师了解了学校制度的内容，出现什么问题，就会有什么样的心理期待，按制度处理就成了顺理成章的事了。学校制度之外的问题和制度之内的特殊问题，一方面校长在处理问题之前要深思熟虑，另一方面是在处理的同时随即形成制度。这样随着制度的不断完善，校长可以逐步地轻松些。

第3辑 教育散记

导读

在工作中，我有将一些事和思考记录下来的习惯。有时翻翻，觉得在生命成长的过程中，这些记录，描画出我所走过的轨迹。写这些东西不是分享，而是享受。因为记录是兴之所至，所记内容，没有统一的标准，故称《教育散记》。

接受采访

作典型发言

在首届全国小学校长会上

专家到校

奖金数额要能打动人心

我最初参加工作是在1984年，在一所农村学校叫北京市通县牛堡屯中心小学。当时的乡党委书记非常重视教育，以集资形式给学校盖了教学楼，当时在全国都有一定影响，《人民日报》报道了这一事迹，并提出“人民教育人民办”的口号，这个口号后来流行很多年。这位乡党委书记还受到了当时万里委员长的接见。新学期开学，乡政府召开了教育工作表彰会。那时候还有统考，在全乡统考中，获得年级前三名的老师由乡政府出钱奖励了一台录音机。录音机当时是稀罕物，全县都知道了，都非常羡慕我校的教师。那时我刚刚师范毕业，我看着手捧录音机的教师心里真是羡慕。一年以后，我所教的班获得了全中心校年级第二的成绩，没奖励录音机，奖励了我130元。第一名150元，第三名100元。那可是我一个多月的收入。我可以说“一举成名”，全乡所有教师都认识了我。奖励鼓舞了我的斗志。不久以后，我当上了校长，回想初次获奖的感受时，我想到了一个问题：多少奖励可以打动教师的心，没有一定额度是不行的。于是我在调动教师积极性方面，首先就是制定了奖励方案。

340元奖金激发了全中心校教师的工作热情

在初任校长时，我心里是忐忑不安的，因为当时我35岁，中心校干部队伍中仅有个别人比我年龄小，在教师队伍中我也算年轻的。但我任校长的第一年很成功。第一年之所以成功，就在于我通过对体育教师的奖励鼓舞了士气，让干部教师看到了跟着这样的校长干，事业是有希望的。记得当时看了德鲁克的一些目标管理理论，崇尚目标管理，于是第一次工作会上就向完小校长下达了几项目标，如一个完小教师要发表多少篇论文或者有多少篇论文获奖；把所有班级的期末成绩进行一下整理，一年后新班级的成绩与上一届学生成绩对照；还有组织的有特色的活动在通州区教育信息上发表多少篇等等，以此评定完小校长工作的成绩。我还对奖励政策进行了修定。虽然当时学校资金很紧张，但是我加大了奖励力度，包括教师获奖和学生获奖。我不但奖励教师也奖励完小干部。任务下达后，我严密监控着各校给我报上来的成绩，同时随时在完小校长会上进行通报。记得一个完小的体育教师工作很努力。我当时鉴于整个中心校的体育在区运动会上拿不到什么成绩，于是在奖励方案中规定，在区运动会上得分，所得分数乘以10，作为奖励的钱数，那位体育教师在区春运会上学生得了34分，要奖励340元钱。在2000年的农村，这笔钱是比较多的。体育教师向我报喜时给我台阶，对我说："校长，我知道学校资金紧张，少奖励一些我也没意见。"要知道，这个完小并没有多少学生，也就相当于整个中心校学生总数的1/10。但是他所得到的成绩比我任中心校长以前的一届运动会成绩总和还要多。我向那位教师说了一句："学校再穷，奖金总是有的。"没想到这项奖励连同我的话传遍了整个中心校。极大地鼓舞了干部教师。那位体育教师成了明星，我的话成了一句豪迈的承诺。当时我中心校教师170多人，成绩特别是教改论文获奖很多，甚至在全区都有一定影响。我接手这所中心校时，我中心校被定为二类校。一年后就被评为一类校。可以说我的工作开局是非常好的，好得出乎我的预料。

"协作奖"换来了全体老师的通力合作

2002年初到了北关小学以后，我仍然重视奖励方案对教师工作热情的作用，效果也不错。北关小学地处城乡结合部，学生生源以打工子弟为主，学生流动性强给教学成绩的提高带来了巨大困难，然而在教师的努力下，我任北关小学校长的第三年，教学成绩在区教委的检测中所有学科成绩都名列前茅。按照我们的奖励方案参加检测的教师要奖励400元。我们的区检测为了避免统考之嫌，采用的是随机抽测，检测之前不知道抽测哪个年级哪个班哪个学科，要等到抽测那天才知道。也就是说在检测之前教师都进行了精心的准备。我当时想，只奖励参加检测学科的教师有些不公平，应该奖励面大一些，于是我和班子商量我们取得这样好的成绩，应该让大家都高兴，于是我提议每个教师都奖励50元钱。这50元钱叫什么呢，钱发出去必须名正言顺，对教师起到作用。于是我起了个名字叫"协作奖”。当时我对教师说，因为我校教学今年取得这样好的成绩，除了奖励被检测教师外，其他教师每人也奖励50元，这50元叫协作奖，因为任何一个班学生的成绩好都不是所教这个班教师个人的，它需要以前教这个班教师的辛勤劳动，也需要全校每个教师对这个班学生的严格管理，因此每个人奖励50元。这个奖励，教师都没想到，当然很高兴。这50元钱的效果是逐步体现出来的。教师说，这个协作奖定得好，定得科学，我们顺心。还有的说，是应该协作，别人获奖，我不是也沾光吗？更没想到的是还有的教师调侃说，校长这个招高，我都不敢不努力了，如果我被检测，都不是我得不得奖金的问题了，其他人还不把我吃了。体会到协作奖的好处，我随即又修订了奖励方案，除纯个人劳动不发协作奖外，多数奖励都辅之以协作奖。后来我读了杰克韦尔奇的《赢》，这本书中有这样的话：“作为成绩的庆贺，再多都不嫌多。”我的做法和他竟然不谋而合。

直到现在，我都非常注意教师的奖励方案，我认为奖励方案是引导教师努力方向的指南针，哪些项目列入奖励方案，这些项目中如何进行权重分配，体现着校长对这些工作的重视程，引导着教师的努力方向。

学生的参与热情哪儿去了

一个三年级班主任老师当成笑话似的说，班里一个学生给他写了一封信，信的内容是这位同学想当小干部，可是班里有某某和某某，使他的理想不能实现，想转学，可父母又不同意，他很痛苦。其实，这个班的组成并不特别，只是这个班里有两个本校教师的孩子，这两个孩子学习刻苦、成绩优秀，组织能力也强，就被推选成了小干部。这个孩子的面前有两个“拦路虎”，没有参与班集体管理的机会，就使他心里痛苦，这是多么可贵的参与意识啊！由此我们也想到了听过的一节高年级课。老师无论怎么启发，学生就那么木然的坐着，毫无参与热情。课后询问过这个班的学生，他们说，我会，可是我不想回答。这两件事放在一起看，就说明了问题的严重，它表明，学生在校受教育时间越长对事物越缺乏参与热情，这不是教育的失败么？参与是人的多么可贵的品质啊！

校长和学生相互承诺

学校少先队组织开展了一次学生说悄悄话活动，让学生向家长、老师、同学说心里话。同学们很踊跃地向学校提出了很多建议。我想，何不借此机会，对学生进行教育呢？于是我给同学写了一个回复，在校内广播里进行了播讲，全文如下：

校长对学生“悄悄话”的回复

各位同学：

学校少先队组织了同学写悄悄话活动，我认真地看了你们写给学校的“悄悄话”，你们写得很好！

你们的悄悄话倾诉对象都是你们的朋友，有校长，有老师，有同学，还有家长。把悄悄话说给朋友听是最好的。有了快乐大家分享，每一个人就都得到了快乐；有了痛苦说给朋友，痛苦就减少了一半。

你们的倾诉内容很丰富，既有对老师、家长的感恩，也有对老师和家长的劝诫和希望；既有对同学的赞美，也有对同学的忠告。每一个悄悄话都是你们的真心倾诉。真情会赢得真情。我相信你们的倾诉会得到尊重和理解。

我为你们能够在北关小学得到快乐而欣慰，也对你们还有的不开心而着急。请同学们相信：校长、老师、家长都真心祝愿你们平安、健康、快乐、学习进步。也请同学们相信：即使同学之间有一些不愉快，但是同学之间的感情是真挚的，现在的一切都会是将来美好的回忆。

同学们，你们给校长、老师、家长、同学提的要求，有些是合理的，有些是不合理的。要知道，不是所有的要求别人都会满足，例如有个同学要求学校要组织春游、夏游、秋游、冬游，这就不能满足。因为你现在是学知识的时候，主要时间应该用于学习；也有的要求别人满足不了，例如有些同学要求延长课间休息时间，因为学校每天要安排一定数量的课时。对于别人满足不了自己的要求，要学会理解。

对于能够满足的要求，学校会充分考虑。例如同学要求尽快组织春游；有些同学建议校园要栽花种草，有些同学感觉夏天太热，建议班里装电扇。同学们，任何一个人既可以享有权利，也应该尽到义务，权利和义务是对等的。现在咱们做个约定：校长和老师会逐步地改进学校的工作。我先答应你们：第一，下周组织春游；第二，在四月份，学校将摆上鲜花，校园会更漂亮；第三，天热之前，会给每个班装上电扇。其他要求，只要是合理的，学校能够满足的，我们会一步一步地改进。

既然权利和义务是对等的，那么同学也应该尽到义务。学校完成了你们的三个建议，栽花种草和安装电扇学校要支付三万元钱，学校应该说很尽力了。你们满意吗？

我也给同学提两个要求。这两个要求只要同学们稍微努力就可以做到。第一，从今天开始的两周之内，学校每一个同学都要完成作业，包括课堂作业和家庭作业；能够完成的举手，各班班主任老师统计一下有没有不同意的。如果学生都同意了，请各科老师在检查作业时，凡是有没完成作业的，要报告给我，我会在几天后和同学通报。

第二、从现在开始两周内，不攀爬操场南侧的体育器械，同意的请举手。如果发现有违反者，我们也会向同学通报。

这两项要求容易做到吗？这就叫承诺，学校承诺了组织春游、学校美化、各班装电扇三项。同学们承诺了：完成作业、不攀爬体育器械。双方都要遵守承诺。

今天，各班要强调春游安全问题，要强调双方承诺问题。

就讲这些，谢谢大家。

学生们觉得这个约定很别致，都爽快地答应了我的要求。一周之后，我向各班进行调查，整体情况很好，老师们都说学生很努力，但也发现还有个别同学有不完成作业的现象，于是我迅速跟进，在第一周的校内广播又播讲了一个提示：

关于校长和同学们相互承诺的提示

上周四，在校内广播时，校长和同学们作了相互承诺。同学们答应校长两点，一是完成作业，二是不攀爬体育器械。本周三校长做了调查，不攀爬器械这项要求，同学们做得非常好，没有发现一个同学去攀爬器械。完成作业情况，绝大多数同学遵守了承诺，但有个别同学存在问题。问题表现在：

作业没记全。老师留的作业没有记全，使得有些作业没做。

科任作业忘了，尤其是中年级英语。

无论是没有记全，还是忘了，都不能成为没完成作业的理由。

从学校方面，答应同学的三项承诺，已经完成了一项，第二项绿化美化校园在下周一周内完成。

信守诺言是一个人应该具备的品质，今天再次提示。希望信守诺言的同学继续坚持，没有信守诺言的同学立即改正。

这个承诺互动进行了4周，收到了良好的效果：学生遵守纪律了，课堂作业都能按时完成了。实践证明校长这样参与到学生的管理之中，是一个效率很高的办法。

从文学青年到教育工作者

我是1980年在全乡上千名学生中以中考第二名的身份考入北京通县师范学校的。一个农村孩子考入师范学校是很不容易的，当时我甚至不知道师范毕业就要当老师，只知道师范能够转户口，能够跳出农门，逃离开繁重的农村劳动，又不必花很多钱。进了师范眼界大开，又感到了不甘心做一个小学教师，当时正是文学繁荣时期，我做起了文学梦。师范四年我读了大量的文学作品，古今中外都读，使我的文化底蕴还算深厚。后来写作投稿，想通过发表作品当一个专业作家。写过散文、小说，当时应该写了几万字，也不知道办刊风格之类的东西，随便就发给报纸和杂志，都是泥牛入海。当时多想自己手写的字变成铅字呀。没想到1988 年我写了一篇教育征文，是主管教学的副校长布置的，关于非智力因素培养的征文。我忙于工作，不知道是怎么回事，校长让写就写了，我写的征文题目是《竞争——非智力因素的最佳兴奋点》。后来，那位校长告诉，我的征文获得了通州区一等奖，并发表在《通州教育》上，并随手给了我一本当期的刊物。我回到宿舍，看着自己的文稿变成了铅字，兴奋极了。追求了那么多年的文学，投了那么多稿都没有发表过，没想到自己随便写的一篇专业文章发表了。由此我转到了对于专业书籍的阅读。1988年应该是我从文学青年变成自觉学习专业理论的一个转折年。那之后我阅读了大量的教育理论书籍，也相继发表了一些文章。

住工棚的农民工使我感动

2006年11月，我校正在铺塑胶操场。因为工期靠后，天已经很冷了。操场上有30多名农民工日以继夜地忙碌着。有一天晚上温度已经降到零度以下，夜里农民工们就住在非常简陋的用帆布搭起的工棚里，四面透风。这天北风呼啸，我想起农民工单薄的被子和简陋的工棚，马上赶到了学校。走进工棚，看到农民工都蜷缩在被子里，有说有笑。我找到了带工长，劝他们到教师临时休息室去睡。工长告诉我老板有规定，不能影响学校。我再三劝他们，最终他们也没有答应。看着这些农民工，我的眼睛酸酸的。就在这周的教师例会上，我充满感情地说："农民工的孩子是脏，是没有规矩，但是看看他们的父母在干什么，他们是不是有时间而不管孩子，不照顾孩子？这几天大风，农民工们怕把我们的环境搞脏，就睡在操场上的帆布篷里。他们难道就天生要受这种罪吗？我们忍心嫌弃他们的孩子吗。"通过这一典型事例，教师被这些打工者的纯朴感动了。

怀着一颗爱心与教师沟通

2008年春，学校组织了春游，去北京的欢乐谷游乐园。学校安排很周密，开了动员会，进行了具体分工，明确了每位教师的责任。由于安排的周密，很安全地完成了这项活动。

因为是占用休息日时间，学校发了一些教师加班补助费，每个班主任老师50元，每位科任教师30元，班子人员随科任老师。

然而过了几天，听说一位年轻的体育教师意见很大，在科任办公室发牢骚，说补助费发得不合理。

我很感意外，就找到这位教师询问他怎么想的。这位教师见我既然知道了，索性彻底亮出了他的观点：加班补助应该根据劳动量，作为体育教师在整个活动中负责组织全校学生，比班主任的工作量还要大，这样的补助明显没有按劳取酬。

我首先表扬了他在这次春游活动中的表现，跑前跑后确实很辛苦。然后解释说：“你考虑的是劳动量的问题，我考虑的是责任问题，一个班从学校带出去了，如果某个学生出现了安全问题，我找的是谁？肯定是班主任。班主任在整个活动中都非常紧张，多补助一点我认为是应该的。”同时我还说明，这样的补助只是一种安慰，不可能量化，因为这里有一个责任心的问题，责任心强自然就会累一些，这不是靠补助多少能够衡量的。

经过这样的谈心，这位教师明白了自己看问题的角度以及反映问题的方式有问题，承认了错误。

一次激发学习热情的教育

2008年9月1日，开学典礼，孩子们还沉浸在北京奥运会的兴奋之中。为了把对奥运的热情转移到学习上来，在开学典礼上，我结合北京奥运会的成功举办，谈了三点感想，提出三个倡议，包括：

爱国要有行动。通过奥运志愿者向孩子说明什么是爱国，倡议学生拿出行动来爱自己的学校。

爱国要有本领。从金牌运动员赢得五星红旗的升起，让学生知道只有成功者才能有这项荣誉，倡议学生拿出自己的成绩。

有本领需要加倍努力。从运动员平时的刻苦训练，使学生知道“梅花香自苦寒来”的道理，号召学生刻苦学习。

因为学生为奥运自豪，为奥运健儿骄傲，崇拜金牌获得者，所以以这种方式对学生进行教育，容易点燃孩子的激情。

校长做事要有始有终

2008年10月22日，教委要到学校进行课间操评比。

为了这次评比，体育教师很卖力气，每天除做操时间练习，下午放学后还留下一部分学生纠正动作，坚持一个多月。

为了让学生把操做好，更重要的是让老师知道领导对这次做操比赛非常重视，我在做操比赛前一天，进行简短动员。中心意思是“平时的做操是为了锻炼身体，明天的做操是为了赢得光荣。”

比赛很好，三套操下来，虽已是深秋，天气凉了，但能看见学生们脸上已经冒汗了。

第二天上操，我又做了简短总结，对同学们昨天的精彩表现给予表扬。

仅仅几句话，学生们的脸上露出微笑，并爆发出热烈的掌声，老师也满意地露出微笑。

这就是一个小的管理循环，简单的赛前动员与赛后小结。让师生们感到了校长对这次比赛的重视，也知道了校长对这次比赛的评价。这对以后工作会起到激励作用。

爱心要成为教师心中的一把尺子

一名家长投诉我校某位教师体罚学生，说因学生听写生字有错误，罚学生抄写课文生字20遍。

我找到了这位教师，指出她的行为已经违反了有关规定。这位教师申诉说：我不认为我这样做是体罚，因为第一我没说罚学生抄写词语，我说的是为了巩固对词语的记忆，要求他抄写20遍；第二，我是这个学生的语文老师，有权利给学生留作业；第三，巩固词语，我认为20遍是个合理作业量。

面对这位振振有词的教师，我说：作为北关小学的一名教师，时时要用爱心这把尺子量一量我们的工作，我建议她思考这样一个问题："让学生抄写20遍词语，是否出于爱心，是否体现了爱心，是否能够唤起学生的爱心？"

过了一段时间，这位教师给我交了一份教育随笔，题目是《爱心教育是对教师的更高要求》，其中写道：

"我以前做教师考虑的是：我的做法要不违规，至少要在形式上不违规。因此出现了诸如让学生罚站不在教室而是把学生放在办公室，到办公室我不给学生让座，也不处理问题，学生只得站在那里。再如让犯错误的学生抄写课文或词语，我不说罚而说布置给你的作业等等。我想这样做既达到了教训的目的又不违规。现在想这是降低了自己做教师的标准。用爱心这把尺子衡量以后，我认识到我的动机本身就是错的。我的出发点不是在于爱，而是在于罚。"

我在批注中这样写道："能够用爱心这把尺子衡量自己的工作了，这真是一个巨大的进步。能够经常用爱心这把尺子衡量自己的工作，你就真正成为了爱心教师。"

《感恩的心》温暖了孩子的心灵

在我校的爱心歌曲中，孩子们最爱听的是《感恩的心》。优美抒情的旋律，真挚深情的歌词，温暖了孩子的心。

学生入学，我们都要教孩子这首《感恩的心》，并且会手语表演。记得一次六年级的年级毕业典礼，老师们播放了这届学生六年来的活动录像资料，投影了六年学生活动的照片，孩子看着自己一天天的长大，陷入了回忆。接着，孩子们回忆了自己还记得的小学生活，发言很踊跃，第一次当旗手、第一次戴上红领巾、第一次春游、第一次受到老师的表扬，以及同学的帮助、老师的关爱……很多学生是泪流满面讲述的。毕业典礼最后是全年级同学手语表演《感恩的心》，孩子们的表演是那样动情，在表演中我们似乎看到了学生们对学校的感恩、对老师的感恩、对同学的感恩，所有的孩子泪流满面。本来这次主题班会是我校对孩子们最后的一次教育，开完班会，学生们就要离开学校，但是孩子们都不走，拉着老师在校园里一遍一遍地唱"感恩的心，感谢有你，伴我一生，让我勇敢的做我自己……"孩子们久久不愿离开。

珍贵的苹果

2010年9月10日，教师节，同学们在操场上排队。今天的排队比每天都快，都整齐。大队长在前面主持，代表全体少先队员向老师祝贺节日。并要求老师到主席台上排好队。这时音乐响起来，是老师们都爱听的《每当走过老师窗前》，优美的旋律和孩子们的诗朗诵让每个老师都很高兴。老师们正认真地听着，一排排少先队员每人双手托着一个苹果，献给老师。主持人介绍，这苹果是全校少先队员捡校园内的废纸和塑料瓶卖废品的钱买的。一年只卖了三十几块钱，少先队干部想了很久，只够给每个老师买一个苹果。老师掂着这个苹果就像有千斤重。这是孩子们的心啊！每个老师都用双手托着回了办公室。老师们久久地把苹果摆在办公桌上。

同学，你的行为文明吗

暑期学校装修后，为了保持墙面整洁，我们要求教师反复教育同学，以此养成爱护环境、爱护公物的好习惯。然而不久，在厕所外墙面上，一个大脚印非常显眼地落在了那里。

上操时，我要求每个班的学生都排队到脚印前观看。一位教师在学校组织学生参观后，马上就在操场进行教育，并组织学生又看了一次。在教师例会上我向教师讲："我想教师们能明白我亲自谈这个事，和亲自调查这个事的用意。我想通过这一次活动，提高学生爱护环境的意识，保持我校的干净整洁。我想有经验的教师一定会借着这次机会，加强对学生的教育。我们组织学生看一次，比我们说效果要好，这就体现了教育的方法。我们教育学生，对学生进行品德教育，主要是抓住时机，错过了教育时机，效果就会大打折扣。"同时提醒教师，不应把这次的教育局限在登踏墙面，而应该扩展到文明行为上来。并表扬了当时就进行教育的教师。我在孩子那个脚印旁边标注：“同学，你的行为文明吗?”的警示语，把那里作为文明礼仪教育的一个景点。

可乐瓶与校长的奖励

一天中午我在校园内巡视，见到在操场上有一个大可乐瓶。不少同学见了，把它当成足球，你踢一脚，我踢一脚。

全校那么多同学从可乐瓶旁边走过，十几分钟都没有人捡起来。我站在旁边观察，终于我见到了一个同学，弯腰把可乐瓶捡起来放到垃圾箱里。我赶忙过去询问这名学生，知道是四一班的学生陈某。

为了教育学生，我利用升旗时间进行了一次旗前讲话，重点表扬了这位同学，并且奖励他一本书。我向全体同学朗读了我在书上写的赠语：“感谢你的集体主义精神，希望你学习进步。”我后来了解到，这个孩子不但更加懂事，而且学习也比以前努力多了。有意思的是，相当长一段时间，学生故意在老师面前捡拾垃圾。更有意思的是一个同学手里拿着可乐瓶问我：校长，这个瓶应放在哪儿?

一次好心带来的失误

一天下午,一个即将退休的教师来我办公室找我谈话，刚一落座，眼泪就流了下来。她的话让我很吃惊，她说她感觉到自己还没退休,就已经被这个集体抛弃了。原因是每次调节课时费时，都没有她。她讲了自己的辛苦，讲了自己如何能干，讲了她的要强。并且声明，她的委屈和钱没关系，就是感觉自己在即将退休时校长不再把她当成一个职工。

初听这位老教师哭诉的时候，实事求是地说我有一些恼怒。这一学年度有四位教师相继退休，因为人员不紧张，就没有给这四位教师安排具体工作。我知道一般教师是不愿意回家休息的，老人都愿意在集体里，不感到孤独。我也征求了四位教师的意见，都愿意在学校干点力所能及的事。由于没有具体工作，这四位教师就拿平均工作量的课时工资，我自认为是对这些老教师的照顾。按现行政策，课时工资总额包干，有一名教师退休，就要把这名教师的课时工资再平摊到其他教师身上，退一名教师，其他教师能够多得近十元钱。找我的这位教师是最后退休的，几次工资调整都没有把她算进去，她感觉到委屈。我虽然恼怒，但是毕竟十几年的校长工作经验，促使我没有表现出来。只简单地说我明白了您的意见，我先考虑一下。

她走后，我冷静下来，归纳了一下她的想法，仔细想来,确实有工作做得不够细致的地方：既然是照顾，就应该在拿出政策前，征求一下被照顾人的意见。于是我决定和这位老教师再谈一次，解掉她的思想包袱。谈话中心围绕老教师因为不参与学校的评价，老教师感到被冷落了，甚至已经被边缘化，这是自己年轻，没有考虑到老教师的感受。如果愿意，继续参加学校的教师评价。老教师谢绝了。但老人高兴了，愉快地领取了退休证。

慰问保安

中午放学过一段时间了，一名家长气冲冲地找到我，申诉保安对她态度不好，说保安阻拦家长进入校园，要求我责令保安向她道歉。我给这位妇女沏了杯茶,让她冷静一下。然后我打开监控录像，回放了刚才冲突的场景，和那位妇女一起看。看着这位妇女对保安的破口大骂以及保安小伙子的忍耐，我对这位妇女说：“你必须向保安道歉，否则，你对你这种表现的后果要负责。”妇女借口回家吃饭，走了。我找到保安，对他们说：“你们受委屈了，你们做的是对的。”小保安哭了，向我倾诉了平时所受的委屈。并且让我放心，以后一定更加负责，也争取不和家长发生冲突。

致教师的新年寄语

2012年的学校新年联欢活动，我一改过去回顾成绩展望未来为内容的新年献词,变成了给每一位老师写新年寄语。在新年联欢会上的节目中，分四个阶段，逐一播放我写给每位老师的新年寄语。新年寄语中有对老师的准确评价，有对老师的殷殷希望。我看到每个老师都那样认真地听着校长对自己以及对同事的寄语，脸上都洋溢着幸福的表情。新年联欢会后，有位老师对我说：“听到您给我的寄语，是我这一年中最快乐的事!”

60多名老师的新年寄语，我写了足足两天。因为我知道，这个寄语用好了，能够极大地鼓舞老师的工作热情，拉近校长和老师的距离。让老师们知道，校长是了解他们的辛苦和努力的。校长知道老师所做的工作、所做的努力并且记在心里。

寄语写好后，我做了ppt，并亲自进行了配音，编辑了背景音乐。

新年寄语精选：

林老师(即将退休的老教师，胆小，夜间值班不敢睡觉)：

学校的老大，确实有老大哥的风范。身体不好，但始终在坚持工作。我翻阅过您年轻时所写的教学札记、阅读笔记。让我相信：年轻时，您拼搏过。学校值班，让您度过了一个个不眠之夜，难为您了。

陈老师（很优秀但有些与世无争）：

刚到南关小学时曾有一次在办公室讨论读书，感到你读书的层次高和涉猎面很广。对骨干称号的丢失是学校的损失也是自己的损失。三年之后，希望再一次看到你进入骨干的队列。

张老师（出色又努力的年轻教师）：

感谢你赢得骨干的称号，为南关小学赢得了荣誉。珍惜年轻，年轻会有很大的发展空间。下一个目标是市骨干吗？

李老师（刚参加工作的教师）：

工作得太辛苦了。由优秀学生到合格教师是一个非常艰难的过程，希望凭借自己的智慧，尽量缩短这一过程。

和即将退休的教师谈话

我有一个习惯，凡是教师临退休，我都要抽出半天时间和他们谈一次话。这既是对老教师的一次安慰，也是能听到真实意见的绝佳机会。

最近给我提出问题的教师说了我这样几个问题：

提名表扬少，我的表扬都是集体表扬。无论多大岁数的老师都需要表扬。从校长嘴里的表扬要比其他干部的表扬更有力度。

校长应该找年轻教师谈话，让年轻教师感觉到校长对他们的重视。

要设立校级骨干教师层次，用区级骨干教师标准去衡量，这样更贴近教师，给教师以希望。

这些是很好的建议，有些可以立即实施。

校长要思考教师生涯规划

2009年暑假，新上任的主管教学工作的副校长，提出了一个观点，就是以前我校教师频繁换岗位，使得教师没有一个自己的工作定位，教师也就不能很好地确定自己的努力方向。这里有学校近几年教师调动频繁，更主要的是自己没有注意这方面的问题。旁观者清。后来和老师座谈，一位老师也提出了这个问题：总让一个教师教同一个年级，教师只能有一年的时间，学生的习惯不容易形成。同时建议搞1—3年级循环，4—6年级循环。

这里我想到了一个问题就是校长要真正的知道教师的性格特点、职业专长、兴趣爱好，根据教师的特点，为教师确定努力目标，并且在岗位上相对固定，才能够使教师有盼头、有奔头。

怎么样才能真正地了解教师呢？要多进行有目的地谈心，在谈心中观察教师。

要多看教师的各种总结，从行文中也能看出教师的能力。让老师写职业生涯规划，在此基础上，很好地给老师分层，确定工作目标，加上相对稳定的分工，这样可能会好一些。

“体验父母辛苦”活动

一个家长在向孩子述说宁可自己省吃俭用、辛辛苦苦，也要让孩子吃好穿好时，孩子不以为然地说：“谁家不都是这样吗?”久处芝兰之室不闻其香，孩子从小就享受着长辈的爱，似乎享有这种爱是理所当然的。只有让学生学会体验爱，才有可能学着爱别人。

我校开展了“体验父母辛苦”的活动。有的同学体验到了父母因为工作压力大，夜里睡不好觉而精神衰弱；有的体验到了自己一天的开支比父母一天开支的总和多好几倍。我校一名同学乱花零钱，学生的母亲没有工作，父亲是一个“拉黑活”的小车司机，家庭不富裕。班主任老师去年暑假给这位学生布置的作业是：在父亲“趴活”等顾客的时候，就在父亲车里坐着，然后写一篇体会。孩子体验后写到：“父亲为了省油，在等着顾客的时候不开发动机，自然也就没有了空调，那天室外温度是38度，车里温度达到了55度。那天活不好拉，一天才拉了4个活，每一趟活挣10元钱。想想我每次向父亲要钱时那样理直气壮，真是羞愧极了。爸爸，儿子对不起你！等我长大挣钱了，我一定加倍孝敬您。”孩子从父母的辛苦中，体验到了自己的被爱，唤起了孩子对父母的爱。

“爱心花卉”培养孩子爱自然的感情

小学生以具体形象思维为主，贴近学生生活的活动对学生的教育意义更大。我们为了培养学生的环境意识，每年开展爱心花卉展，具体方法是：各班分组养殖一种花卉，每年五月，举办爱心花卉展。我们认为，爱护环境要从爱护花草开始，学生能够爱护花草，就可以泛化到爱环境。春天的时候，学生每六七个人一组找来喜欢的花，放在班里，这些花简直就是他们的宝贝，他们精心呵护，定期为花草浇水、施肥、松土，他们为新增了一瓣嫩叶而欢呼，为了花草长虫而着急。为了养好花，他们询问老师、询问家长，高年级的学生还买来养花的书，对照书精心培育自己的“宝贝”。

2008 年5月，学校举办第一次爱心花卉展，同学们把花捧到了学校操场上，生怕有一点闪失。100多盆花在操场上争奇斗艳，孩子们围绕着花卉，品评着，赞叹着，脸上洋溢着欢乐和幸福。在活动中孩子们的爱心得到了培养。

爱心词语的运用拉近了学生的距离

理解爱、学会爱、表现爱，是爱心教育的逐步深入。

一般认为中国人的爱心很含蓄，对此我是不以为然的。我在加拿大学习的时候，发现了西方人的一个特点：他们每天用得最多的词汇是“Sorry”和“Thank you”。只要他给你带来一丁点的不便，他发现了都要说“对不起”，即使是你从她身边过去，他发现自己稍稍挡了你，需要你绕一下，他也会主动说“对不起”。而你只要给她提供哪怕一点点便利，例如你走在他前面时，为他侧身让让路，他也会说“谢谢”。你一天可能会听到无数次对不起，无数次谢谢。在这样的环境里，你会自觉地为他人提供方便，并且在为他人提供方便的时候赶到非常的快乐。久而久之，就会营造一个“场”，这个“场”我把它称为一个“爱心场”，正像磁力场可以使在“场”中的物质具有磁力一样，在“爱心场”中，每一个人也都会具有爱心。

而我们似乎对这些都忽视了，认为别人为自己提供的方便事情很小，不必一谢，或者不值一提，甚至有“大恩不言谢”的说法。不展示爱心，久而久之，每个人的爱心都会淡漠，心灵都会麻木，因为我们的周围没有一个爱的“场”。

我们在学校内推行了习惯用语活动。我们的想法是，精心挑选日常中能够展示爱心、唤起爱心的词语，词语要能够普遍运用，使用频率要高，再有词语不要多，应该是张口就来，不需要多少思考。最终我们只挑出了三个词，作为师生共同的习惯用语。

“你好，谢谢，对不起。”

“你好”，一句简单的问候，就能拉近彼此的距离。我们要求是，每天彼此的第一次见面，都要互相说“你好”。

“谢谢”，一句简单的感谢，能让给你提供帮助或提供便利的人感觉到你知道有人在帮助你，也在助人的过程中愉悦了自己。

“对不起”，一句简单的道歉，让人感觉到你的自责，能够化解很多的矛盾。

开始师生们还有些不习惯，经过一段时间后，师生们习惯了，随之而来的效果是，师生们的脸上更多的洋溢了微笑，关系和谐了。

执意回国学习的孩子

一个四年级学生的妈妈在寒假前找到我，要把孩子送到美国去读书，申请转学。孩子的母亲显然很兴奋，喜悦之情溢于言表。我详细询问了情况，原来孩子的父母都是来京的大学毕业生，孩子出生在北京，孩子的叔叔在美国，他们自己有两个孩子，愿意把这个孩子也接过去。这样的情况学校以前也有，但是孩子最终还是回来了。本着对孩子负责的态度，我和他详细介绍了美国基础教育的特点，与中国基础教育的异同和优劣比较，同时还和她讲了亲生父母在孩子成长中的作用，让她考虑。过了几天这位女士又找到我，说经过他们家庭成员的仔细考虑，认为还是把孩子送出去。我们给她办了手续，班主任老师组织本班学生为这个孩子开了欢送会。

过了半年，暑假的时候，这位女士给我打电话，说孩子执意要回来。我把这位女士约到学校询问情况，孩子母亲说，孩子到美国以后非常不适应，总也不能融入那个群体，很孤独，孩子的叔叔说孩子怕是心理有什么问题了，在那边不愿意上学，想家，想这里的老师和同学，总拿着老师和同学送给他的班级合影看，默默地流眼泪。我也很着急，因为美国的基础教育知识的系统性比较差，半年时间这个学生除了语言以外，估计其他知识基本不会有什么提高，回来以后学习会很吃力，我劝家长，让孩子咬咬牙，适应一段时间就好了，否则这样转来转去，会耽误了孩子。任何一种教育都有它的优势和不足，美国教育有他们的特点。家长对我摇摇头，说这些道理都和孩子讲了，不行。应家长的要求，我给孩子打了越洋电话。没想到孩子的第一句话就说："校长，我想您，想咱们的学校，想老师和同学，我不愿意在他们这儿了。"孩子在说这番话的时候哭了，很伤心。我对家长说："他一口一个我们，一口一个他们，明显的孩子还没有融入那个集体，接回来吧，落下的功课我们给补上"。

孩子回来了，还愿意上他们那个班，见到老师和同学那个亲热。从中我看到了爱心教育的成果，包含了浓浓的爱国情，师生情，同学情。

提出问题必须和要求相结合

在学校管理过程中，难免学校会出现这样或那样的问题，作为校长，必须要敢于向老师提出问题，引起老师的注意。但是如果只是提出问题，还不能叫做管理的到位，必须同时提出学校对这些问题的要求，这样才能真正地解决问题。学校出现问题往往出现在个别老师身上，而这些个别老师往往又是不自觉的人，只是泛泛而说，对这些人有时并不能杜绝问题。但是如果同时提出了要求，就会更好地解决问题。如果辅之以制度，就更能彻底地解决问题。

下面是我校的一个案例：

在校务会上，我是这样讲的：现在学校出现了一些问题，归结为五个，我想说一下，在说问题时，一并说学校的要求。

出现个别老师串办公室现象：因为工作到其他办公室是可以的。但是个别教师总到某个办公室去，并不是为了工作，这是坚决禁止的，请个别教师要注意影响。针对这一问题，学校要求：如果不是工作需要，请教师不要串办公室。

出现个别教师午自习不看班的问题。这里大多数教师做得很好，出现问题是在个别教师身上。针对这个问题学校要求，为了保证期末工作的顺利进行，从现在开始，午自习必须看班。同时学校班子人员巡回检查。安排如下（略）。

出现个别教师上课铃响才从办公室出来。这个问题早就说过，一节课40分钟，要充分地运用。针对这个问题，学校要求：必须提前进班，等候上课。

出现了随意把学生赶出教室的问题。针对这个问题，学校要求：不准把学生赶出教室。如果学生在上课期间因为教师将学生赶出教室而出现安全问题，教师要负全责。

出现了上课手机响铃，影响正常教学问题。据反映是因为班内没有表，用手机看时间。学校决定为每个教室装表，同时要求教师在上课期间禁止拨打或接听手机电话，禁止出现上课时间手机响铃的问题。

刚才说的五个问题，似乎都是小问题，也似乎只出现在个别教师身上，但是影响极坏，会使整个集体松松散散。希望全体老师都能够按学校的要求去做，在细节上严格要求自己。

这些问题，再修改学校常规管理制度时，加进去相应内容，就会成为教师的习惯。

建立校长操作程序

我以前外出学习考察旅游，每次到了目的地，总是感觉到有些必备的东西没有带，使得生活起来不方便。后来我注意总结外出必备的东西，列出若干项，制成一张卡片保存着。每次外出前都按卡片准备，既不用冥思苦想，还能带齐必备东西，果然轻松了很多。受此启发，我在工作中也注意建立工作程序，几年下来，案头的工作程序集逐渐加厚，我的工作却逐渐轻松起来。

校长工作千头万绪，梳理起来可以分为两类，一类是不可预见的工作；一类是可预见的工作。两类工作比较起来，不能预见的突发性工作很少，而校长忙的很多工作都是可预见性工作。只不过有些工作是经常性工作，这样的工作程序不会有问题。还有一种是非经常性工作，这种工作有时可能一年或几年发生一次。

突然产生了，为了布置得慎重严密，就要耗费心力，因为由于时间间隔长，往往把以前的工作程序忘了。为了工作的轻松，校长应该有习惯，就是把这些可预见工作、但时间间隔比较长的工作，拟成操作程序的习惯，减少重复性劳动。

下面是我的一些工作程序：

1.《开学初工作程序》是：开学初是校长最忙的时候，当然各主管领导要各负其责，但是所有工作校长心里要有数。例如其中学生集体到校前一天，工作程序是：课本专管员将书分到各班—各班主任，预先到校的10名学生负责将书领回各班—整理教室—各班出板报—新、老班主任交流学生情况。

这项工作每学期都要有一次，有了这个程序不用再向各位教师布置，就可以把这些工作做好，省去了校长的筹划和安排。

2. 《下雪天工作程序》是：如果夜里下雪，全体干部教师比正常作息时间提早半个小时到校—科任老师按指定班级组织学生在校园内铲雪—雪堆放在就近的花下或者树下—班主任在班里组织管理学生—班子人员组织协调—第一节课必须按时上课。

3. 《学生在校园出现意外伤害工作程序》是：如果学生在学校受到伤害，见到的第一个老师必须负责紧急处理—就近找车或联系救护车—报告校长—赶往医院途中联系家长—护送医院治疗—治疗后将学生送回家—主管校长与家长谈话。

类似的这些程序我都打印成册，发到每一个教师手中，同时在教师办公室用图示对其中的重点工作程序有选择地加以公示，使每一个教师都知道遇到什么事应该如何处理，这项措施保证了工作的有条不紊，使校长减少了很多重复性劳动。

佩戴值勤袖标

经常出现值勤干部、教师忘了值勤的问题，我采取了要求值勤干部教师佩戴值勤袖标的办法。我规定：值勤教师的袖标必须从早戴到晚；前一天的人负责把袖标传给下一天的人；下一天的人如果有事，也要负责把袖标转给委托人。

好处：有了这个标志，时时提醒自己今天是值日生；再忙忘了，别人也有可能提醒。

指导教师准备家长会

说什么：

1. 说本年级学生应该注意的问题（与家长有关的）。说升入新年级之后课程的变化，课本的变化，知识的变化，思维的变化等等。说学生在变化过程中会出现的比较集中的问题：比如，知识难度加大，科目增多，孩子会力不从心，会有部分孩子退缩，所以，家长能够配合老师的应该做到：作业要求，背诵要求，遇到困难家长能解决什么等等。这里包括语、数、英等重点科目。

*重点突出孩子们面对压力的不容易，体谅孩子们作为学习主体的困难与压力。力争围绕孩子的共同话题取得家长的支持与理解。让家长知道老师是关爱孩子的，在关爱的前提下对孩子和家长提出的要求。

2. 说学校以及上级部门对于提高质量、关注德育等要求，让家长明确自己不但要成为学校工作的积极配合者，还要体谅老师的劳动，尊重老师的劳动。同时委婉地要求家长关注孩子的言行，关注老师在管理全班学生面前的不容易，有可能出现的疏忽，在理解的基础上和老师配合。

*重点突出老师面对学校要求与孩子巨大变化的不容易，让家长明白做一名新时代的老师，和面对我们学校生源现实的压力，取得家长与老师之间的心理认同，让家长明白老师的辛苦。

3. 说孩子的发展需要老师和家长共同的努力。列举班内发现、出现的问题，让家长通过一件件“小事”了解孩子思想上的变化等，引起家长对孩子发展的关注。（也突出老师对孩子的关注）然后根据出现的典型的普遍性的问题给家长有针对性的建议和方法。要结合自己的亲身体验或自己的观察视角，诚恳地态度告诉家长，让家长觉得没白来学校。

怎样说：

1. 表扬为主，点名激励。至少要在几个大的普遍性的优点面前点名，比如：按时完成作业，上课积极思考想问题，读书背诵很认真，班干部工作很踏实等等。家长需要在自尊心上得到满足。

2. 要把握批评的尺度。有些小缺点有普遍性的要大面积不点名说；有些在道德品质或心理上出现问题的学生要私下交流，不要在全体家长面前点名，但要说出问题或事件引起家长的注意。

3. 在重点出现的问题面前，要唤起全体家长的注意与共鸣。用班主任的语言或魅力，与家长拉进心理上的距离。比如家长与教师出现的矛盾，比如家长到校反映的问题，比如关于科任课协调之间的矛盾等等。利用自己的语言或事例体现学校校风。

展什么：

1. 期中考试的试卷分析。整体的，有利于展示您班成绩的。不要往不利于您的形象或班级形象的负面引导。教会家长怎样审题，答题，怎样有效的帮助老师辅导孩子学习。

2. 学生平时的作业本。各种课堂或家庭练习本，包括主要课程的，让家长从观看作业本过程中，指导家长如何检查孩子作业，孩子出现问题应该怎样帮孩子忙，因为作业是反复练习上课时学过的知识，所以孩子应该会。家长应有意识的引导孩子自主地解决，不要让孩子带着问题回到学校。

3. 您发给家长的喜报的样本或家长给您的反馈卡。让家长看到您很珍惜，很看重家长工作，很希望得到家长的支持与配合。

4. 展示学生或班级在学校各种活动中的表现。如奖状的获得经过，孩子的进步奖励等等，引导家长关注孩子的全面发展。

个中经过还需要您的智慧，您与数学老师、英语老师等的集中智慧。您的自身形象、着装、发型、语言、姿态等都要注意，要高水平的展示您自己。

第4辑 教育言论

导读

我经常要在同事、学生和家长面前进行沟通，包括在集体中的演讲，在个体前的谈话，自然多数是教育、引导和建议，每次讲话我都力争有新意，把其中有意思的话辑录在一起，称《教育言论》。

教科研开题

与顾明远

和学生

对同事说

有一句话叫“勤能补拙”，但是我们不要用学生的“勤”补教师的“拙”。

生活上照顾是对教师的负责，而工作上照顾是对学生的不负责。

每一个老师到学校，就应该是一个能够高质量完成工作任务的人。试图在工作上省心省力，应该遭到自己良心的谴责，因为您面对的是一个家庭的希望。

对一个错误现象，批评两次，不如第一次批评一部分人，第二次表扬另一部分人。

深秋初冬，树叶飘落。如果有意识地引导学生观察落叶之美，用脚踩踩积满落叶的林荫道，自然是对学生人文修养的涵养。如果让学生再背背诸如“生如夏花之灿烂，死如秋叶之静美”等赞颂落叶的诗句，就把人文素养教育又提高到了一个新的层次。

观看了孩子们的课间操，因为有几项活动要比赛，体育老师对各项活动进行了整合，包括拔河、跳绳。特别是跳绳，十几根绳儿在操场上抡出了巨大的圆弧，孩子们和老师一起在操场上跳起来。绳儿越抡越快，孩子们跳的频率也越来越快，师生们紧张着，欢乐着。多么宏大的场面！多么其乐融融的场面！师生们在体育活动中，暂时忘记了繁重的学习压力，每个人的脸上都洋溢着那么幸福的微笑。虽然是寒冷的冬天，但感觉到一片热火朝天。

刚才我朗诵的是台湾作家张晓风的作品，《我把孩子交给了你》，我向大家提三个思考题：母亲的赌注是什么？我们的工作能够不负母亲的重托吗？按我们现在的工作态度，会给母亲一个怎样的青年？

对于教师搞教科研，我提倡："学校问题课题化，外来课题校本化，自己的问题科研化。"

如果教师时时拷问自己:我要培养一个什么样的学生?那么他就有了明确的工作方向,就能够选择适当的工作方法。

去年我校主管教学工作的校长获得了优秀教学管理者称号。今年主管德育工作的校长又获得了优秀德育管理者的称号。两位主管干部的荣誉称号，我认为一方面是教委对两位干部本人工作的认可，另一方面，也是对我校近年来教学工作和德育工作的肯定。

我认为做好干部的首要条件是人品。俗语道：路遥知马力，日久见人心。人怕挨，酒怕筛，不共事不知道人怎么样。干部的人品是欺瞒不了老师的，因为你每天都要和老师打交道，你的所做决策、你的待人接物，老师看得一清二楚。

其实我觉得德育是把学生培养成受人欢迎的人。

值班老师的身上肩负着学校安全的责任。如果没有事，我们体会不出责任的重大。但是一旦出现了问题，"责任"两个字重于泰山，这不是危言耸听。

人人都有过年轻的时候。人的一生工作时间很漫长，真正创造成绩的时间是中青年。我校工龄最长的达到将近40年，女教师工龄长的也达到35年以上。在这样漫长的工作生涯中，绝大多数人都在年轻时做出了重要贡献。我们如果用自己的风华正茂，去和一个老教师比，是不合理的。

人人都会慢慢变老。年轻的时候，经常有人这样说："你年轻，前途无量"。我理解"前途无量"的意思是，年轻人还有很多机会。随着年龄的递增，机会会逐渐变少。特别是这次的工资改革，岗位聘任每年都进行，而教师退休时的岗位工资，以在职时为准。

对年轻同志说，来日方长；当对老同志这是唯一的机会时，年轻人要选择有风度地让出来。

有理也要缓缓道来，这反映一个人的修养。"得理不让人"不是一个好词。

不必要显示咄咄逼人的气势。我喜欢一个词叫“淡定从容”。农村有一句话：一样话，十样说法。不同的说法，会效果不同。

为了加强学生在学校运用英语的能力，开展每天一句英语活动：在校门口立一英语牌：每天学生要向其他至少10位同学说这句英语。这样就加大了学生运用英语的频率，巩固了英语知识。

韩校永远含笑，
南关不是难关。

我任职的学校叫南关小学，我在新年献辞时用此对联作激励老师，对联嵌进了我和学校的称谓。

家长会前对老师的引导

表扬要充分。您记住一条，家长永远不会嫌您表扬的时间长，特别是表扬自己的孩子。让每一个家长都感觉到孩子在南关小学，在您的教育下进步了，这是家长最愿意的事。不要指望在家长面前指责孩子，会降低您的教学或者管理难度。

家长会上，班主任要夸赞各科教师的工作态度和教学水平；各科教师要夸赞班主任的管理水平（家长会前对老师的引导）。

办学思想的成熟：由“办好上级的事”到“办好自己的事”发展到“把上级的事变成自己的事去办”。

1. 初当校长的时候，没有什么自己的办学思路，每到开学初，就要仔细研究教委的工作要点，工作中一项一项予以落实。把“领导交办的事办好”是自己办学的指导思想。按照这种办学思想去办学，不能说不成功，因为赢得了很多的奖牌。

2. 几年以后，有了自己的一些思想，开始按照自己的思路去办学。学校的特点有了，办学的自主性有了，校长有了自我价值实现的喜悦。但是由于自己另搞一套，工夫没少下，但是奖牌少了。

3. 现在开学初，也要研究教委的工作要点，但这与以前的研究不同，多了一项工作，就是思考如何把上级的事和自己的事有机的结合，这样工作学校有特点了，同时奖牌也多了。这些奖牌凝聚着学校的特色。（答北京教育学院何育萍教授“当了这么长时间的校长，有什么改进?”）

当老师的最怕的一句话就是：误人子弟。我们的工作要对得起良心。

每一个老师都应该做学校和谐的一分子，不要做和谐的破坏者。

在有外人的时候，要有意识地宣传我们的学校，要巧妙地让别人知道。在任何场合我觉得老师应该有这样三个层次的标准：最低标准是，不要破坏自己工作单位的声誉。你和外人讲自己的学校这样不好，那样不对，会毁了这个学校的声誉。而没有学校的声誉，你个人就不会受到人家的尊重。最高标准是，为我们的集体争得荣誉。中间标准就是要有意识地宣传学校。

班子人员对两个计划要心中有数。一个是教委的计划，一个是本校的计划。这两个计划的关系我认为应该是表示交集的两个圆。重合部分是教委的重要工作我们必须要做，但是需要我们的一个校本化的过程。也就是与我校的校本工作整合在一起做。教委与我们不重合的部分，是和我们确定重点以外的活动。我们与教委不重合的部分，是我校独自开展的工作，是要出学校特色的工作。

就教师的个人发展来说我想提出一个词：自我超越。我很欣赏这个词。一是这个词代表着一种进取精神。二是这个词没有排他性，是自己和自己比。今天的我和昨天的我比，明天的我和今天的我比。

班子人员要考虑一个阶段的全面工作。既要考虑自己要干什么，还要考虑别人要干什么，能否协作，能否整合，这样才是有合作与共享精神。

班子人员布置任务必须明确：什么任务，什么标准，交给谁完成，完成时限，基本建议。这五方面要素在今后干部布置工作时都要考虑。同时一般来讲，有布置就要有检查，有总结。

学校进行招聘，教师进行应聘。学校招聘就是学校根据需要，按一定的标准选择教师到校工作。通俗地讲就是学校需要一个人来干什么？教师应聘就是根据自己的能力自我推荐，通俗地讲就是我能为学校干些什么？教师向学校提出照顾的可能性会越来越小。教师们可以试想一下：您在应聘时，会不会说：我到您这里应聘，因为我身体不好；或者因为我的孩子小、老人老，需要照顾；或者我不想干累活。您必然要说：我能干些什么。例如我能当一个好的班主任，或者我曾经获过什么奖，在哪方面我有特长。

现在我感到没有人感到危机，其实这就是最大的危机。大家都听说过“温水煮蛙”的故事。水中的青蛙，在水慢慢变热时，警觉不起来，直到被煮死。听了这个故事之后，不要只觉得有道理，应该想到的是我们现在就是在逐渐被加热的水里，我们就是那只青蛙。为了不被煮死，为了随时有能力从水锅中跳出去，就必须自我超越。

教师上课是需要备课的，领导管理也需要备课。特别是经验不足的领导，也需要对管理中的问题进行备课。这样做可以从容应对问题情境。

这些年，你工作能力确有提高，在这个群体中逐步达到了出类拔萃的位置。这与你的努力分不开，你的努力无论是老师和学校领导都看到了。也在这个集体中起到了榜样作用。然而这不应该成为你目中无人、骄傲自满的理由。我想你应该反思这样的一个问题：你个人的努力是不是你达到现在水平的全部条件。你应该清醒地认识到以下几点：

你的专业发展离不开领导对你的培养。各培训部门组织培训，培训指标是给这个学校的。应该每个老师都享有这个权力。培训的机会给了你，是学校领导对你的培养，其实也是学校领导对你的特殊照顾。一次次的培训，是对你个人一次次的照顾。对此你是不是应该心存感激。

你的专业发展离不开同事对你的帮助。你出去接受培训了，得到提高的是你个人。但是理应你完成的班级管理和学科教学任务，临时移交给了其他老师。这些任务不是那些老师分内的事，这些老师是为你而付出了精力和时间。没有同事的帮助，你就不会有接受培训的可能。对此你是不是对同事也应该心存感激。

你的论文获奖，有没有同事的建议，领导的帮助，在那些获奖证书上，应不应该有一份他们的光荣。你的评优课一等奖中，有没有同班级老师对你的帮助，他们至少要拿出自己的班让你试讲。课堂教学比赛前教研组老师针对这一课的集体会诊，领导的协调、建议，共同努力才赢得了你的个人获奖证书。

你的那些荣誉称号是不是就完全的当之无愧，和你水平相似的人有没有，和你对学校贡献相近的人有没有。

现在你水平提高了，荣誉等身了，有资本和领导讨价还价了，有资本傲视老师了。这样做严格地说是忘恩负义。无论对领导还是对老师都是不公平的。（先进老师达到一定水平后，会出现骄傲自满、目中无人，甚至和领导讨价还价，在老师面前鹤立鸡群，先进反而影响了工作的进展、影响了教师之间的和谐。这是我对这些老师的讲话）

在一个集体中，教师这个群体肯定有先进、中间、落后之分，对于教师个人来讲，就有了一个相应的位置。然而教师自己对自己在集体中的位置在认识上是有误差的，往往是自己对自己的位置认识偏于靠前。

在成人的世界里，不要认为你听到的别人对你的评价是他们内心的真实想法。当他评价你还不错的时候，其实背后的意思可能是“他应该知道我这样评价是言不由衷的，是给他留自尊心。”

可以试想一下，如果有人让你给这个集体的老师按能力排一下队，你肯定在心里是有数的，但是真让你说出来的时候，你肯定会毫不犹豫地说出先进部分，然后越往后说心理障碍越大，由此证明，你也不愿意说出集体中落后成员的，特别是让你排序的人也在其中，可以肯定地说你会把它排的位置，比他应该所在的位置靠前。

因此你自认为你在这个集体中是先进的位置，你要警惕你可能只是在中间，如果你把自己只排在了中间的位置，同样你要警惕你有可能是在最后的那部分。

（常有这样的现象，没有人认为自己是学校的尾巴。一些老师虽然自己不成，但是还是乐观地认为自己至少在中间吧。没有忧患意识。对这些老师的讲话）

你要明确一个问题，学校就这么多岗位，你占一个。在上级分配岗位的时候，没有一个岗位是因为身体不好或者因为能力差，而照顾的岗位。

在分配你的工作的时候，学校照顾了，你不应该感谢领导，应该感谢所有的老师。因为你的任务不是领导承担了，而是分配给了老师。老师们承担了你的工作而没有怨言，你应该对老师感恩。

你凭什么能够得到老师长久的理解，因为你的身体不是一两天，一两个月或一两年就能恢复到能完全胜任工作的水平，老师要长时间的承担你的工作量，凭什么？（对工作上斤斤计较的老师的谈话）

精神振奋、与人为善、忍辱负重、敢于负责、口径一致。这是我对班子的要求。

精神振奋：班子的精神状态直接影响着教师的精神状态。如果班子成员精神萎靡，会影响很广，因此每天到校后要保持一种饱满的精神状态投入到工作中。

与人为善：我觉得这是做人最基本的准则。不能害人，乐于成人之美。班子几个人，出来工作不容易，要领导这样大的一个群体，因此班子成员之间必须团结，而团结的最基本要求是与人为善。谁都有缺点，有弱项，彼此之间互相帮一把，暂时的困难就过去了。校长更需要班子成员有这个品质。在矛盾到来时，校长就像足球场上的守门员，是最后一道防线，如果所有人员都协防，大门就不会被攻破，否则，失败是肯定的。

敢于负责：每一个人都有分工，对于自己分内的事不是不需要向校长汇报，但是如果事事请示汇报，就失去了你自己的独立性。我需要向我汇报时给出的是判断题或选择题，而不是大答题，应该这样说：校长，这件事我考虑了这样几个方案，你看行不行？或者这件事我的意见是这样的，你看行不行？而最不愿听的是：校长，你看这件事应该怎么办？我们都有领导职务，并不是办事员。我们干工作或者处理问题只要出以公心，就可以大胆放手去干。干工作则不要考虑是否越位，先考虑是否到位。

忍辱负重：矛盾是普遍的。领导者和被领导者之间肯定有矛盾，领导者之间也肯定有矛盾，作为领导者要善于化解矛盾。班子之间要宽宏大度，班子和老师之间也要宽宏大度。工作上的矛盾属于大是大非问题，校长肯定要给班子人员支持。但是性格上的矛盾、生活上的摩擦不应该找校长，要努力自己解决。

口径一致：在学校的各种决策讨论时，我们可以各抒己见，我只是一种意见的提出者，是参与讨论者，但最终我将是拍板者。因为学校的任何一项工作都要校长负责，责任和权利是一致的。您拍板，我负责这不公平。因此当我最终拍板后，即使您有意见也应该严肃的贯彻执行。并且不能在群众中制造舆论，买好，或者以贬低校长来表现自己的高明，提高自己的威信。要知道，校长是一个学校的品牌，校长没有威信，其他人有威信也没有意义。因此决策决定了之后要口径一致。（初到南关小学对班子人员提出的要求）

我们人人都有一些能力，优势，但是人人不都是在各方面都有能力，有优势。如果能够资源共享，我们无论是个人的困难，家庭的困难，都可以迎刃而解。举个例子：买房差几万，六十几个人一人先借他1000元，6万元就有了。例如孩子结婚需要车，学校有十几辆车，就组成了一个车队。例如住院有问题，肯定会有人在医院有认识的，帮忙说句话，问题就解决了。这就是人际关系共享。一个哲人说过：你有一个思想，我有一个思想，交流之后，我们就都有两个思想。套用过来是：你有一个朋友，我有一个朋友，合作后每个人就都有几个朋友。

刚才我给大家放了一首歌《春天里》。我第一次听《春天里》，开始我被两个农民工感动了。被感动是因为他们的身份和歌词中我听清楚的一些歌词：例如“没有信用卡也没有她，没有24小时热水的家”。“只有一把破木吉他”。“没有情人节也没有礼物，没有我那可爱的小公主”。“在街上在桥下在田野中，唱着那无人问津的歌谣”以及“也许有一天我老无所依”。我以为是这两个农民工，对现在痛苦而窘迫生活的情绪宣泄，所以很受感动。

因为这首歌很好听，我就连续听了几遍，当我听懂歌词的时候，我感觉不对，情绪前后太矛盾。

原来是他们认为以前什么都没有的时候“是那么快乐”，“一切没有那么糟”，而当他们什么都有了以后，却是“我感觉却是那么悲伤，岁月留给我更深的迷惘”，“我的眼泪忍不住的流淌”。他们的理想是：“请把我留在那时光里”。

我不理解这是一种什么逻辑。按照这种逻辑，我看似乎让他们“老无所依”更好。过去老话讲“小姐多愁，富贵多病”。现在他们刚解决温饱问题，就多愁多病起来了。用农村的一句糙话，有点“吃饱了撑的”的意思。

由此我想到了咱们教师的调资，不应该在我们的思想中有这样混乱的逻辑，不应该出现：工资涨了之后，却“那么悲伤”有“更深的迷惘”。倘若出现，那就矫情了。

作为一个教师应把孩子当成“人”去尊重孩子，让孩子有自尊，有自信。如果知识和孩子的尊严去比较，我个人认为：您教得孩子分数上差几分没关系。如果少几分尊严和自信将影响它的一生。

对学生说

教学楼前有两棵果树,一棵梨树，一棵石榴树。每到秋末，果实挂满枝头，黄黄的梨和红红的石榴非常诱人。但同学们从来没有人去摘，形成学校一道小小的人文素质风景线。

祝贺你在3000米越野比赛中取得冠军的好成绩。

3000 米越野比赛，必胜的信念激励你勇往直前；坚强的意志保证你克服前进中的困难。必胜的信念和坚强的意志能够让你在越野比赛中成功，也会让你在人生中成功!

不要在网络游戏中争夺英雄，因为关掉电脑的时候你什么都不是。现实世界的英雄才是真正的英雄。

祝贺我校拔河队的队员，经过顽强拼搏，取得通州区冠军的好成绩!

当拔河绳绷成一条直线的时候,决定胜负的因素:

一是不畏强手的品质。

二是团结协作的精神。

三是坚忍不拔的意志。

四是刻苦训练后的实力。

希望你们继续努力，在各方面都取得优异成绩。

校长寄语:

希望同学们在“自强不息， 追求卓越”校训精神的鼓舞下，养成“主动参与；勇于创新；富有自信；自我超越”的学风。树立自己“朴素整洁；举止大方；待人礼貌；天真烂漫”的学生形象。成为一名出色的北关小学学生。

每天的做操是为了锻炼身体，今天的做操是为了赢得荣誉。（课间操比赛前对学生的动员）

各位六年级同学：

今天，是你们在小学阶段过的最后一个六一儿童节。明天，你们将迎来你们人生中第一次重要考试，小学毕业考试。再过两天，你们将告别母校，踏上新的征程。

老师们为你们高兴，就像你们的父母一样。因为，孩子们，你们长大了。

此时此刻，你们回首六年的小学时光，也许你在小学是一个非常好的学生，那么感谢你们的老师吧，因为是老师把你培养成了优秀的学生。也许你在小学是个顽皮的学生，老师经常批评你甚至训斥你，那么感谢你的老师吧。正像一首歌唱的“曾经无心的伤害，全是为了爱”。没有任何一个父母不爱自己的孩子，同样，也没有任何一个老师不爱自己的学生。

我相信：在你们漫长的人生旅程中，你们的小学时光，是充满温馨的怀念，是值得骄傲的闪亮的日子。因为你们毕业于有着百年光荣历史的南关小学。

在即将临别之时，我代表全体老师向你们做最后的嘱托：

孩子们，去吧，去开创你们壮丽的人生。你们记住：你们的身后，除了你们的父母，还有一双眼睛在注视你们，那是你们老师的目光。记住，为母校争光。

孩子们，长大以后，无论你们事业成功不成功，日子过得好不好，你们都是南关小学的学生，就像你们永远是父母的孩子。记着，回家来看看。看看你们曾经学习过的教室，看看记录着你们游戏过的操场，看看惦记着你们的老师。

最后，我提议，全体老师和同学，用我们最热烈的掌声为六年级同学祝福。

祝福你们每个人，都有一个幸福而壮丽的人生。

谢谢大家。

（在六一儿童节上对六年级学生的讲话）

对家长说

“忠厚传家久,诗书继世长”。“富不过三代”。前面一句讲的是学习的重要，勉励人们让子女饱读诗书；后面一句讲的是不要寄希望于通过给儿女留下更多财富，使儿女幸福。

北京有一句俗话："有儿女的人谁也别说嘴"，反应的是教育子女的难度。教育子女的成功，是人生最幸福的成功。

得100分不是最终目的，考上大学也不是最终目的，最终目的是学生在社会上有一席之地，这需要的是综合素质。

不要把老师看成是圣人，老师也会犯错误。但师道尊严，不要让孩子看不起老师。您对老师有意见，可以找老师交换意见，也可以告诉我，不要在孩子面前贬低老师。

没有不受委屈的人，孩子在玩的时候受些委屈是正常的。例如我喜欢看孩子们玩，捶捶打打是孩子们的娱乐。只有打得太疼了，孩子才会收起笑容，掉下眼泪。即使这样，都难免让别的孩子讥笑他不知道闹着玩。小沈阳有一句话"闹着玩不待急眼的"。现在很多时候是，孩子还没有急眼，家长先急眼了。

您的孩子送到这所学校，6年之后您想得到一个什么样的孩子？是不是只希望孩子的学科成绩是优，其他不考虑。如果是这样，学校工作就太好做了。只教好几本书，其他什么都不做，我想不会是这样。您首先要考虑孩子经过6年的培养，孩子应该首先是"懂事"了。这个"懂事"内涵很丰富：文明礼貌、有一定的世界观、有一定的自我保护能力、有一定的处理问题的能力。也就是说让您的孩子初步进入社会，他不至于是一呆子，然后才是学习能力，到中学之后孩子能够顺利的学习。

对孩子要舍得投入，投入精力和财力。要记住两句古话：授人以鱼，不如授人以渔。给他几条鱼有吃完了的时候，他会打鱼了，就随时有鱼吃。还有一句话和它相似：给孩子一座金山，不如给孩子一个点石成金的手指。一座金山有花完了的时候，如果有点石成金的手指，随时可以把石头变成金子。很多家长抱怨没有时间管孩子，那是因为您把金钱看成比孩子重要，干重要的事总是有时间的。举个例子：一个老板知道自己有病，但是因为工作忙，不去治疗。这时在他心里是金钱比身体重要。其实他知道身体比金钱重要，假如他知道了自己的身体够呛，肯定放下工作就去看病。同样挣钱和培养孩子比较起来，我们经常是把孩子放在了第二位。

家长的责任不单单是养孩子，而是要养育孩子。

做重要的事总是有时间的，教育孩子是最重要的事。

腾出时间，多在孩子的综合素质上花点精力。与其说在小学让他每次考100分，不如让他得95分，腾出时间来多背几首古诗，多看几篇小说，这在初中或者高中太有用了。因为那是学生人文素质的提高。

提高学生的人文素质，需要家长人文素质的提高。您看什么电视剧：戏说、案件侦破？孩子跟您看这些，熏陶这些纯粹是浪费时间。多少经典文学作品改编成了电影，找来让孩子看看，他会有兴趣去读原著的。我们买什么杂志？哪里有个贪腐案介绍，哪里出现了红灯区被查抄，这些和孩子的综合素质有什么关系？您看看《人民文学》，看看《文摘》，这样的杂志开卷有益。作为家长，要在这些方面动动脑筋。

各位南关小学的同学和学生家长：

4月22日（周五）下午的家长会，虽然突降的大雨阻断了学生精彩的节目，但是家长、教师和学生的表现，展示出了另一种精彩。

1.家长在音乐声中，在班主任老师的带领下排队进入操场。家长们的秩序井然给学生留下了良好的印象。

2.古筝演奏的时候，一名老师自动为演奏古筝的同学打伞，一个学生跑过去，接过老师的伞，自己淋在雨中。表现出了浓浓的同学情、师生情。

3.因为雨越下越大，学校宣布演出结束，家长淋在雨中，原地不动，等待着学生的撤出和学校的进一步安排。家长的表现令人敬佩。

4.紧急避雨时，学生蜂拥至教学楼，当时学校的部分干部教师立即自觉跑到教学楼门口疏散学生。老师的安全意识令很多家长赞扬。

越是紧急的情况，越能反映出人的素质。我校家长会中家长、学生和教师的表现，反映出了我们这个大集体的每一个人的出色品质。

我代表学校感谢家长对学校工作的配合，并对家长致以崇高的敬意。

（本来面向家长的一次汇报演出被大雨阻断，大雨中家长严格听从学校指挥，优先让孩子避雨，此为致家长的感谢信）

《北关小学校报》创刊了！

她如梦幻的天使，带着2007年秋实的香味，走进了我们的校园。

飒飒秋风，迎来又一个收获的季节。追忆不倦的耕耘，回想创业的艰辛，品味秋实的喜悦，分享成就的快乐，我们感慨万千。

北关小学上承百年学校遗风，在上级的关怀和社会各界的厚爱支持下，近年坚持以人为本，以德治校，以“培育人才、回报社会”为己任，靠爱心立校，靠质量兴校，靠发展强校，靠特色塑校，全面贯彻国家教育方针，脚踏实地实施素质教育，凝心聚力搞建设，一心一意谋发展，不断提高办学水平和教育教学质量，教育环境、教学设备、教学成绩年年迈大步，岁岁上台阶，已成为全区瞩目的一所现代化学校。

我们满怀豪情开始新的征程，今天的辉煌仅仅是对昨天的肯定，不是终点，而是更高、更新的起点。我们满怀憧憬创办这张小报，衷心希望能以此为媒，弘扬北小精神，光大北小形象，面向师生，服务教学，发现、培养和造就人才；忠实记录我们的成长历程，为我们新的创业加油鼓劲，成为架设的心桥，沟通的平台，求知的乐园，成为推介北小、了解北小、关注北小的窗口；更期待成为嘹亮的进军号角，高高飘扬的旗帜。

我们并不成熟。我们渴望成熟。为了成熟，我们努力，自强不息、追求卓越。（《北关小学校报》创刊词）

家长朋友：

在您抱怨孩子意志不坚定，学习不努力的时候，您可以反思一下，作为家长是否帮助孩子树立了远大理想。

在价值观多元化的现代社会，似乎谈理想是一个很虚伪的事。但是没有远大的理想则不会有动力。理想在人生之中起着定力作用，定向作用，动力作用，支撑作用，提升作用，凝聚作用。人的理想志向往往和他的能力成正比。如果一个孩子没有远大理想，怎么会有拼劲呢？王阳明说：“志不立，天下无可成之事……志不立，如无舵之舟、无衔之马，漂荡奔逸，终亦何所底乎？”（《教条示农场诸生》）。

其实每个人都有理想。孩子的理想大致是模糊的，其中共同点是所有孩子都想成为“好孩子”，这就是理想。家长的技巧在于如何使“好孩子”的形象更加清晰，理想更加远大。我推荐给大家一个方法是：利用孩子的偶像崇拜心理，引导孩子“志存高远”。

青少年的偶像崇拜心理很强。歌星、影视剧中的英雄、体育健将、老师、父母最容易成为孩子的偶像。家长的任务在于帮助孩子树立选择多元偶像，并力争把偶像榜样化，和榜样偶像化。

1. 家长要了解孩子心中的偶像。家长第一步是要通过与孩子的沟通，知道孩子崇拜谁，并且要尽可能的对孩子崇拜的偶像进行全面了解。这是基础性的工作。知道孩子崇拜的对象并且了解了崇拜的对象，就找到了与孩子交流的共同语言。我们常说与孩子有代沟，就是因为我们不知道孩子喜欢什么，不知道与孩子交流什么。假如孩子喜欢球星，我们对球星也有深刻的了解，就可以讨论起来，有了交流才能影响孩子。

2. 家长要善于因势利导的通过偶像影响孩子。家长知道孩子心中的偶像，并且对孩子的崇拜对象有了充分了解，这只是刚取得和孩子交流的条件。如果仅限于此，我们就把自己放在了和孩子一个水平的位置。家长更重要的工作在于因势利导，就是要从自己孩子崇拜对象的身上挖掘闪光的品质，并用这些闪光的品质激励孩子。例如孩子崇拜飞人刘翔，借此就可以引导孩子学习刘翔的刻苦锻炼，学习刘翔的得体的谈吐，学习刘翔坚强的意志。把孩子引导到模仿刘翔方向去了，才达到家长的目的。

3. 家长要善于为孩子树立崇拜偶像。小学孩子共同的、最切近的偶像是老师。老师得体的衣着，文雅的谈吐，规范的手势等都是孩子模仿的对象。家长要有意识地赞美老师，强化孩子对老师的崇拜，鼓励孩子去模仿。家长对教师崇拜的程度越深，时间越持久，对孩子的教育越有利。对于动辄以所谓西方教育强化蔑视权威，标榜独立性，是对西方教育一知半解的产物。

孩子的“好朋友”也可以成为孩子的偶像。家长要善于发现自己孩子好朋友身上的闪光点，在自己孩子面前真诚地赞美他，让孩子既觉得有面子，也为孩子树立了榜样。

4. 家长要想方设法成为孩子的偶像。在孩子面前，家长可以有意识地展示自己的闪光点，在孩子心中树立起自己的高大形象。例如有意识地给孩子讲解自己的成长经历。给孩子的讲解要力争通俗，形象，最好是把自己成长中的故事讲给孩子听。

5.利用孩子“初生牛犊不怕虎”的幼稚，引导孩子胸怀大志。孩子还没有完整的自我认知，所以总认为自己是最棒的。孩子可以把自己当成孙悟空、当成奥特曼、当成无敌勇士。孩子身上的这种冲劲如果引导得法，就能够因势利导的使孩子为着自己的理想而努力。家长万不可嘲笑孩子的幼稚和不自量力。

6.有意识地纠正孩子的不当崇拜。由于孩子的辨别意识差，难免会出现盲目崇拜，家长此时要及时纠偏，只要家长拿出有说服力的证据给孩子证明他崇拜对象的问题，孩子会自觉矫正。

总之，家长一是要为帮助孩子确立一个远大的理想；二是鼓励孩子以顽强的意志去追求它。远大的理想必须落实在具体的行动上才有意义。

（关于利用孩子的偶像崇拜心理，引导孩子“志存高远”给家长的一封信）

第5辑 枫叶下的沉思

——域外学习札记

导读

2004年10月的那次到加拿大，和以往出国不一样，没有游山玩水，没有娱乐活动，一头扎到大学里，在这里吃，这里住。我们和这所大学的学生一样，每天上课，讨论，入校参观，安排得非常紧凑。而且在这里学习讨论多，讨论完马上就要汇报分享，每天精神都高度集中。好在每天上午9：00上课，下午3：00放学，中间有1个小时的午餐时间。课余时间我们可以四处走走。加拿大到处是枫树，正是金秋时节，公路两侧、街道两旁、草坪中间，到处是一树一树如火一般的枫树，漂亮极了。在这里听听，看看，不自然地就开始和国内比较，比较政治，经济，文化，教育。时时不禁陷入深思，故以日记形式，记录每天的见闻和思考，形成此文，名之曰：《枫叶下的沉思》

参观加拿大小学

和外教在一起

国外听课

10月3日

北京时间10月2日下午4：45飞机从北京机场起飞，我随北京校长代表团（由北京市第二期小学校长高研班同学组成）经过10个小时的飞行到达温哥华，在温哥华机场逗留3个多小时，转乘飞机又经过4个多小时的飞行，来到多伦多市。多伦多的时差比北京晚12个小时，北京的白天正是这里的黑夜。到多伦多，还是多伦多时间10月2日的黑夜，在多伦多要住一宿，连续十多个小时的飞机使我们每个人疲惫不堪，我睡得非常香。今天一早9：00起床吃早饭，又坐了五小时的汽车，去我们学习的地方——坐落于金斯顿（kingston）的皇后大学。

车经多伦多大学，翻译告诉我们，多伦多大学是加拿大排名第一的学校。我怀着敬意透过车窗观察这所学校。多伦多大学位于多伦多市区。这所大学有若干个教学楼，她不像我们国内的大学，单划出一片地方，圈起围墙，而是散落在居民区里。确实是开放，没有围墙，和居民杂住在一起，我这才知道，原来北京大学想推倒围墙变成一所开放的大学是怎么回事。居民基本住的都是别墅式的房子，家庭与家庭之间也没有围墙，更不用说楼房的防盗窗了。出门就是草地，草地中间有石灰路，到处是绿色的草坪。

路过多伦多市的ETON商厦，到里边走了走，简单地吃了一顿午饭。在ETON商厦前，我们看到了一个乐队，在弹奏着几种乐器，其实是在卖自己的光盘。他们弹奏的过程中，一个坐在轮椅上的太太向他们点了一下头，就扭动着身子，并且转动着轮椅，随着节奏扭起来，乐手们很忘我，太太也很忘我。不一会儿，一个黑人青年也随着节奏扭起来，脚底下有节奏地踢打着路面，并且大声歌唱着。又过了一会儿，又有一个黑人乞丐也加入到他们当中，他在路边捡到了一听喝剩的牛奶，先是尝了尝，然后从地上捡了团废纸，在地下蘸着牛奶连写带画，写和画都随着音乐的节奏，身子不停地摇摆着。写了几个英文字母，我不懂英文，不知道是什么意思，只见他还连画了几个心形图案，许是让人献爱心的意思吧。他们或弹或唱或跳，各自用音乐表示着自己的心情。从中可以看出加拿大人与人之间的平等和博爱，连乞丐都有那么好的心情，真是罕见。

傍晚，我们到达金斯顿市的皇后大学。在皇后大学不远处的一个叫金星的餐馆吃了一顿中国餐。入住学生公寓，已是晚上。校方发给我们每个人两把钥匙，一把是我们的房间钥匙，一把是开公寓门和教学楼门的通用钥匙，丢了要赔125加元。我们没顾得欣赏周边景色，就急于想洗个热水澡，好好睡一觉。没想到进公寓一看，心里凉了，每个人一间房，里面既没有电视也没有卫生间，而且没有空调。我们刚从北京来，对这里的温度很不适应，感觉很冷。我们认为是加拿大对我们的污辱，我们几个男校长没有睡，开始下楼向校方抗议。校方很快给我们拿来了毛巾被。他们这里虽然冷，但因为人们出门有车，同时公共汽车上都有空调，因此连商店里都没有卖棉被的。我们要求校方给我们换宾馆，校方说今天只能这样，有问题要向上请示，我们只有偎在单薄的毛巾被里冻了一宿。

10 月4日

我们学习的皇后大学（Queen' s University），地处安大略省的京士顿市，紧邻安大略湖的北岸，步行到湖边也就有四五分钟。皇后大学成立于1841年，由维多利亚女皇授权成立，有加拿大哈佛之称。在加拿大，多伦多大学是排在第一位的，皇后大学排名第二。皇后大学有若干个系，主要有理科、文科、教育、医学、法学、商学，也分别设在金市顿的不同的地方，我们这个地方是皇后大学教育学院。校方组织了一个简短的欢迎仪式，先是学院的院长带领部分教师和我们见面，见面会在一个小的教室里举行，准备了西式糕点和饮料水果，可以自由领取。院长致了欢迎词，团长石阳代表中方致了谢词，随后互送礼物后，和这些老师分别照相。这个欢迎仪式我们也很不舒服，狭小的空间，随便的程序。然后翻译带我们熟悉学校的环境。印象比较深的是学校的操作教室，车床铣床应有尽有，有一个教室中竟然有一条学生造好了的船。教学楼走廊上也悬挂着学生的照片，其中有一张是学生用颜料染红了鼻子和双颊，像家庭的生活照。我在中国的任何一所学校都没见过这样放肆大胆的照片。校方说，我们可以到图书馆等任何地方学习，享受这里学生的全部待遇。在参观过程中，老师介绍说：在加拿大，小学教师在拿教师资格证的时候，美术、音乐、体育就要全会。美国的教师资格很难拿，大学毕业后，要经过一年的专业课，才能任教师资格。而一至八年级，班主任是什么都要教的，不像咱们国家分工分科那样细。当然我国现在的教师，也没有能力什么都教。走廊里还设有学生的柜子，像我们家装时打在靠墙的柜子，学生的什么东西不想拿回家就可以锁在这里。

上课了。一个老师讲“档案夹”，时间是一天。老师叫ELAIN，北美人的年龄是不好估算的，年轻时很漂亮，也许是气候的原因，人到中年以后，衰老得很快，判断不出他们的年龄。她的一套衣服，显得非常考究，但是不穿袜子。所谓档案夹，是一种管理形式；也是实际的一种档案。近似于我国在学生中实行的成长纪录袋，不同的是校长、教师、学生都有。档案夹分两种。一种是工作档案夹；另一种是职业档案夹。工作档案夹纪录的是自己工作反思的灵感，或自己集中思考的问题材料，以及自己工作的各种材料。职业档案夹则是集中反映自己能力的东西和自己的成绩。好处在于促使教师随时思考，规划设计职业生涯。我想我们也要有这样的档案夹，可以形成一整套材料。老师讲课时，学生可以吃东西，走动，自由发言。老师讲课很随意，常随学生跑，讲话也幽默。但老师准备了课件，印制了卡片，准备了录像带，从这里看我们又觉得老师的备课是很认真的。

在老师讲课过程中，有一个皇后大学的教授进来了，穿得很鲜艳，满头银发的一个老太太。原来她知道北京来人了，特意给送来一些茶叶。她说，她刚从北京回来不久，特意来看看大家。非常有意思的老太太。她的女婿就是中国的。

老师讲完课，负责后勤的一位老师走过来，是来答复我们昨天的抗议的。说没想到今年冷得这么早，我们一方面紧急和供暖单位联系，为解燃眉之急，学校为我们买来了电热器，每屋一台。换住宾馆不可以，学生只能住公寓。我们只得听凭摆布，心里很不舒服。

放晚学的时间很早，下午3：00，我和两个同学散步到安大略湖，这是一个非常著名的湖。河边很多海鸥或停或飞，不怕人，只有等到人走到1米以内，它才不慌不忙地飞走。湖水清可见底，可以清晰地看到水底的水草摇曳。湖面上有很多小艇。加拿大的干净确实名不虚传，路边很多枫树红得像火，非常漂亮。到处是草坪，北京的草坪是不能践踏的，在加拿大则草坪是为人服务的，人们可以随意在上边走动。草坪上还有很多松鼠敏捷地来来去去。像怕人，又像不怕人。真是枫叶如火、绿草如茵、水清如露。

10 月5日

昨晚从宿舍门缝塞进一个英文通知，翻译说这是通知今天夜里有消防警报演习，所有人员必须在警报响起的时候立即撤离楼房，到开阔地去。我没往心里去，早晨6点，加拿大的天还很黑，他们是9点上班的，人们还沉浸在梦乡的时候，警报响起来，毕竟是国外，要维护中国的形象，我虽然心里很烦，也还是匆忙穿好衣服，跑到了楼外。还好，北京来的同学们都穿得比较整齐的出来了，虽然晚了一些。而大学里的男女同学则很多是穿着睡衣，裹着毯子跑出来的，比我们出来快得多，因为裹着毯子，腿是漏在外边的，也冻得瑟瑟发抖，但他们仍然是在开阔地站着。由此可以看出我们和他们的差别，他们是把演练当成正式要求做的，而我们则打了折扣，真正的逃生本领是像他们那样练出来的。这使我感到，这种演练在国内是太需要也太缺乏了。

上午韩晗带我们去了皇后大学的其他校区，也和加拿大的其他大学一样，皇后大学也分布在金市顿市的街区中心，几个系都和我们也就相隔两站地。她介绍这所学校每年招7500人，决不扩招，为的是保证教学质量。路上，我们遇到了中学生模样的学生募捐，老师说，这是从小培养学生的爱心。这些女孩健康活泼，在路边上宣讲着，前边铺开的大纸上，散落着面值不一的硬币。

下午，讲校长的领导力。没有讲出什么新的东西，不过是领导要提高自己的自身素质，关注教师需要，最后是讨论你面临的工作挑战是什么，如何应对这些挑战。我和张忠萍等三人一组，最后又指派我代表小组发言。我讲了作为一个中国校长，新课程与教师素质之间的矛盾，老师说她了解中国的情况，夸我讲得很好。

放学以后，同学们又一起散步到安大略湖，在湖边，我为海鸥照了几张非常近距离的也是非常好的照片。遇到了一位四川老人，在湖边钓鱼，看是中国人，就凑上前去搭讪。老人是到这里来看女儿的，女儿在这里留学，后又在这里工作。老人说："我是到这里耍一耍"。听口气，好像他可以任意到什么地方耍一耍一样，真真的自信，真给中国人长志气。

昨天，负责后勤的人就来到班里作解释，一是介绍加拿大气温特点；二是给我们紧急买来毯子，买来电热器，并答应我们向煤气中心联系，看能否提前供暖。特别是最后一项，提前供暖，我们觉得简直不可思议，不过是走过场而已。没想到今天教务主任对我们说，前两天给我们带来的不便表示歉意，现在暖气通了。晚上回到公寓，果然通了。加拿大的以人为本真是到位，我有些认识加拿大了。

10月6日

上午主要继续讲加拿大校长面临的挑战，可以看出加拿大的校长也不是好当的，他有中国校长的所有苦衷，只是侧重点不同而已。他的教师工会非常厉害，随时可以组织教师罢工。

老师也很辛苦，什么都要教，要哄得孩子高兴。其中韩晗老师给我们念了他的儿子的老师要离开他的学生，到别处任职时写的评语。韩是几乎含着泪念完的，我们是含着泪听完的，其中充满着感情。“我很幸运能教到你”。“你的数学天分使我教你很辛苦”。等等充满鼓励的语言。

学校、老师是把让孩子高兴作为教学目的来追求的。如学校每年要组织“怪头发日”，学生可以把头发弄得稀奇古怪，让别人高兴。有的染成红的，有的根根直立，我们想着都有趣，可是我们看看大街上，很少有稀奇古怪的头发。加拿大小学的课堂非常轻松，老师会设计很多搞笑会，设计很多游戏，这是与中国教师的很大区别。他们也有老师和家长的联系本子，也设计了很多的环节，近似于小光搞的心桥之心对话本，老师有非常精彩的批语。在安大略省，小学的班级严格控制在每班不不超过26人。

下午，部分校长参观小学，部分校长去近似顿市中心，我是后者。加拿大的校车是向社会免费的。到车上，司机总不开车，也不言语，后来才开了。问翻译才知道，刚才是有一个学生模样的人可能下站要下车，所以没有坐下，出于安全考虑，司机在这种情况下是不准开车的。加拿大还有一个有趣的规定，司机单独驾车必须系安全带，只要车上有一个人就可以不系，原因是如果有劫匪容易逃生，想着这样的规定既可笑，又有道理 。我们感到，加拿大对细节非常关注，看似微小的细节，但他们的管理非常到位。

我们来到安大略湖边，翻译告诉我们，湖那边就是美国。我瞭望了一下，问翻译：“加拿大这样富裕，又在美国边上他们不想侵略你们么?”翻译说：“加拿大对待美国的态度和中国人是一样的。

我们参观了几个公园，加拿大的公园是没有门也没有墙的，人们可以在这里尽情享受。近似于我们的街心花园。在加拿大，无论上午、中午、晚上都见有人在跑步。全民健身意识非常强。在街上走，我们都穿得比较多，可见他们穿的却很简单，竟然有穿吊带背心的女孩。他们的体质确实比我们要好得多，我们几个人议论说这可能来源于他们的饮食，他们的早餐非常丰富。

我们坐船游览了安大略湖。坐船也是不花钱的。我们来到湖中心的一个小岛，没什么可看，回去了。

回来的路上，翻译请我们吃冰激凌。这家的冰激凌在加拿大非常有名。吃完冰激凌，在往回走的路上，见到路边有一个白色小屋，和现在加拿大人的住处比起来，非常一般。翻译告诉我们这是加拿大第一任总理的住宅，也没有院子，紧邻大街。正在这时，看到一个挺体面的老人走过来，开门要进这个小屋，翻译赶忙走过去，和他说了几句，回来告诉我们，这个小屋被那个人买下来了，现在是私宅，谢绝参观。

走了一圈，我们看到到处是非常漂亮的树，以枫树为主，色彩绚丽，但是没有找到一棵加拿大杨，这实在令人不解。有这么多好树种可以引进，我国为什么要引进连他们都不要的一种飞毛的杨树呢？

10 月7日

早晨往学校打了电话，了解学校情况。这里的电话还可以。加拿大人几乎不用手机，一方面怕人打扰，另一方面是他们的电话设施极为普及，几乎任何地方都可以打电话。

上午到学院图书馆学习图书检索，电脑检索图书。这里的图书馆是向全市所有教师开放的，真正的资源共享。我对石主任说：“咱们的教育学院图书馆能否对教师开放？”石主任说：“不行。”在图书馆，我们看到了一种能压各种卡片的机子，做教具非常方便，我试了试也很好用。在电脑上看到了国内的一些消息，好长时间没有看到国内消息了，很亲切。因为没有汉语输入的设置，用拼音给女儿发了邮件。

下午到圣约翰233教会学校。学校总人数270人，一至八年级，总共16名教师。加拿大的学校要到9年级才分科，现在是一个老师包所有学科。每个班加拿大规定不许超过27人。学校只有校长和一个秘书，不设其他管理岗位。400人以上的学校才可设一个副校长。从早晨上学到下午放学都由这一个老师教。学校有助理教师，针对学困儿童。见到一个老师坐在学生旁边，前边一个老师讲，坐在学生旁边的那个老师轻轻地给这个学生讲。我翻看了6年级的学生课本，很厚。但数学非常简单，相当于我们的二三年级学生水平，很明显学生负担不重。学生很健康，很快乐。学校设施很一般，但应有尽有，重适用，不尚奢华。加拿大的学校都有计算机房，但都是无盘工作站，比我们的计算机配置要低，但他们的计算机都联网了，这里网上资源非常丰富，我们则是追求计算机的高质量，却没有东西，只作为打字机用，让学生练习文字录入。学校很好地体现了人文关怀，学校里有一名瘫痪儿童，学校就把所有的通道都变成适宜轮椅通过的通道。在加拿大，不设立残疾学校，为的是不歧视残疾儿童。我们听了一节课，老师在讲对称图形。我们到了，老师放下要教的东西，变成了我们和学生的交流。老师很好地利用了我们这个活资源，让他们的孩子了解了北京孩子的上课和下课的情况。虽然耽误半节课的时间，但学生对这次的活动会终身难忘。学校的老师见到我们都主动打招呼，在社会上也一样，无论认识否，都点头微笑或招呼。只要你给他提供了一点点方便他们都要表示感谢，“谢谢你”是他们使用频率最高的词。给你稍稍带来不便他们也要表示抱歉，“对不起”这个词使用频率也很高。

加拿大很多人都想当老师，老师的待遇很高，每年能拿到7.5万加元，属高收入阶层。校长聘任后可以干到退休。因为西方忌讳别人问收入，所以没敢问。

陪我们去学校的翻译是广州人，现在这里读书，名叫于影。问她想回去否，她说想回去。这里冬天极冷，能达到零下四十度，很不适应。再说，毕竟中国才是自己的家。让人听起来很舒服。她到这里每年的学费和花销要2万加元，第一年需要家里接济，现在是第二年，有奖学金，加上打工，基本够用。

晚餐比平时多了火鸡和南瓜，因为下一周周一是感恩节，说的是当年往美洲大陆移民时，印第安人用火鸡招待了他们，同时也感谢上帝保佑他们漂洋过海。

10 月8日

上午讨论交流昨天到各校的感受，因为说是要轮流发言，所以我可以不发言了。如果说归纳中加学校的异同，我认为加拿大的学校管理理念要优于中国。加拿大的教育是简单又复杂的。简单：办学思想简单，就是追求学生的快乐、健康、安全、进步。行政上简单，没有什么检查评比，只有每三年一次的教师考核。同事之间也不能评比，家长和学生评教师非常慎重，评价老师只有校长完成。学校管理层次简单，学校只有校长，学校的一切工作就是围绕孩子的发展。教师很辛苦，师生比大约是在1：26。也就是说，一个老师一个班，所有的课都要归这位教师。他们认为这样更有利于教师了解学生，更好地关注学生的发展。学校充分体现了人文关怀，如果班里有一个失聪的孩子，那么哪位在老师在上课时都必须戴耳麦；有一个瘫痪学生 ，学校就要设无障碍路；学校有四名体质过敏的孩子，学校的所有办公室都有这四个孩子的照片，时时提醒教师。

下午发了下两周的学习安排，学习太紧张了，不少的学员抱怨，确实知道了这次是真真正正的出国学习。然后坐车到QUEENS大学图书馆，那里有些简单的大学校徽标志的商品外卖，价格很贵，要相当于国内的10倍以上。只买了四个杯子。

晚上很无聊，带来的一本散文选也被别人借走了。没有人向我问是否同意就往下传，现在能看到中国图书简直就是享受了，没有人再讲理和虚假的客套了。

10月9日

因为下周一加拿大要过感恩节，所有商店关门，加拿大人活得太轻松了，该休息的时候多好的商机都不管，要休息。我们看到一般的商店很少有人光顾，我问翻译他们赔钱么？说也赔钱，赔了钱之后就关张。很新鲜。这两天 周末是把饭送到公寓，到下周一连最简单的饭菜也没人给送了，学员们想包一顿饺子，搞一次联欢活动，弄几样小菜。在国内，西餐是高消费，但在这里吃西餐，可是吃腻了，太甜，总像不饱似的。吃早饭时分了工。陈爱必老师的女儿在美国工作，这两天要到加拿大看她，她女儿出车去帮助采买。在国外，中国人还是非常互相帮助，我们的两个翻译都很好，很尽职的服务，使得我们生活起来还不觉得有太大的不便。

9：30我们出发去两个小城。先是沿着安大略湖开车约半个小时，再坐20分钟左右的轮渡，来到了一个小岛。这是一个非常奇特的小岛，叫山顶湖公园。站在岛上看南北的两个湖，落差在4米以上，都是安大略湖，怎么形成的，翻译没有说。我们车先停在了一个公路拐弯处，刚下车，从小楼里走出一个人，和司机说了几句，司机把车赶快开走了。原来这里属于私人住宅区，主人不愿意被打扰。我们看看，没有任何标志，只是有一栋小楼。这里水非常清澈，湖的两岸，风景如画，正是深秋季节，各种树的色彩非常艳丽，有枫树的红色，有松树的绿色，还有其他不知什么名字的树，结满了各种野果。即使一棵枫树，因为向阳程度不同，有的已是如火焰般，有的刚刚变黄，有的还是绿油油的，好看极了。一个同学说，难怪西方出油画家，他们只要进行风景写生，就是一幅好画。参观完这个小岛，又去葡萄园，

公路上车灯大开，不知为什么，所有的车白天也开灯。问问司机，她解释说，经过科学研究，白天开灯，能够大大降低事故率。实际上，据到过美国和西欧的人说，他们那里也是如此，车灯在出厂时就设计的是只要打开钥匙门，车灯就自然打开。看出了发达国家能源富裕。实际上，我们可以见到他们的路灯很多时候也是在白天开着的。我们看着加拿大到处整洁的街道，和国内比，他们的干净是因为加拿大人口太少了，比中国多30万平方公里的国土，却只有三千万人口。这确实是原因之一。

旅游途中，翻译给我们谈了关于感恩节的有趣的事。

故事一：感恩节源于1660年，大批英国人过到这里，开始很穷困，但是这里地上有南瓜，树上有火鸡，又受到了印第安人的招待，他们感谢上帝、感谢印第

安人，也感谢这块土地，每年秋后，丰收了，就过感恩节。这个节日太好了，她能使人有一颗感恩的心，这对于人的自我发展非常重要。我想加拿大人的体质好，与他们的前辈远渡重洋，优胜劣汰，遗传素质有关吧。因为那个时候的人活下来的都是身体素质极好的。

故事二：感恩节的那天晚上是孩子们最高兴的时候，孩子们戴上各种吓人的面具，拿着一个袋子到各家去，无论认识的还是不认识的，都可以敲门，用英语说：是要捣乱还是给糖果，于是各家中人都要给孩子拿出好吃的东西。翻译的孩子今年上三年级，去年感恩节要来了一大袋糖果，到现在还没吃完。我们参观了这里的葡萄园，买一种叫冰酒的葡萄酒，很贵，据说非常好喝，世界驰名。使用冰冻后的葡萄经过精心加工酿成的。购两瓶。

这个葡萄园里我们没见到葡萄，倒见到了很多的苹果，树很矮小，但果实很多，红得发紫色，很好看。还看到了很多的南瓜，有一个南瓜摆在那里，有半人多高，可能是瓜王吧。

到一个商店，买了三包香水。

因为加拿大到处都非常漂亮，所以，我们去的地方倒也不觉得有什么特殊了。

10 月10日

早晨醒了，不舍得睁开眼。想象自己所在的大学，理清了：这是位于加拿大南部安大略省金市顿市的一所叫皇后大学里的一个教育学院。金市顿是因为和美国隔湖相望，加拿大人认为不安全，所以把首都移到渥太华，原来金市顿市是加拿大的首都。

因为11：00才出去，有时间在外边走一走，停车场已经没一辆车，都回家休息了，整个校园空空荡荡，只有我们班的几个人在校园里走来走去。加拿大人的按部就班，不慌不忙，这是一种深入骨髓的修养。他们都是那么健康，那么心态平和，那么乐观，那么彬彬有礼。我们在前边走，不知道后面有一辆汽车，发现它时，只见司机缓缓得让车滑行，等候我们，当我们急忙让开路的时候，他把身子探出车外向我们微笑着道谢。

上午11：00出发，去千岛湖。路上到一家中国餐馆吃了一顿炒饭，虽然不很地道，但也还说得过去，吃完饭，上游轮游千岛湖。这个湖是近邻美国的一个湖，湖水清澈，一个个岛都非常漂亮。说桂林山水甲天下，只不过证明咱们没见过世面，难免贻笑大方。湖上的小岛大小不一，形态各异，色彩缤纷，清澈的湖水，绿色中红红的枫树点缀其间，白色的房子掩映在里面，每个岛都是一幅画。游轮上有各国的人，都在选取着适当的角度，急急忙忙地拍照，因为用哪个岛做背景，都非常漂亮。岛上有的飘着美国国旗，有的飘着加拿大国旗，其中一个小岛和另一个大岛仅有10米之隔，上面悬着一座桥，这是世界上最短的桥，小岛是美国领土，大岛是加拿大领土。游轮在湖上航行了三个小时，我的眼睛始终盯着窗外，饱览着秀丽的河山。船道拐弯处，有一个非常漂亮的城堡，说是一个美国人给他的太太建的，他们在这里结了婚，但没过多久，他的太太就死了，他把这个城堡开放为接待人参观，我们经过时，正有一对在那里结婚的，远远望去，新娘穿着白色的婚纱，周围围着一群人。

看这三千多万人口的国家，我们的国家是多么的贫瘠。温家宝总理说：什么东西只要除以十三亿，人均占有就太少太少了。是啊，我国贫瘠的土地，要养育13亿人口，太艰难了！

船上，丰台一小的高校长和我讲了要评中学高级，说你只有拿下了中学高级，才有人尊重。因为小高只是中级职称，中学高级才是副教授。并说现在市里倾向于年轻人，不过要有硬材料。他和我比划了一下他的论文成绩就有一尺厚。并嘱咐特别是要写好述职报告和一个千字文。

下船以后，在湖边看到一个据说是黎巴嫩人，在吸水烟，我们走过去，他友好地和我们微笑，当我们提出要和他合影的时候，他愉快地答应了，而且和我们靠得很紧，共同合影留念。

回来的时候，司机说，我们还有一些时间，你们应该看看一个地方：是一种船闸，河床是一个深几米的台阶，河的落差那样大，船是怎么走的。原来是一节一节蓄水，这并不特别，特别的是他和我们说晚上全家要吃感恩节晚餐，必须6：00之前回去，他说如果不到，他太太会宰了他。现在刚好5：00，可以带我们去，但到那里不要耽搁。这是他自愿增加的景点，时间又那么紧，他不说我们谁也不会怪他，因为我们谁也不知道有这么个地方。这就是加拿大人的品质：热情、自豪。一个司机就可以教育一车的人。

晚饭前，薛校长介绍了昨天买的化妆品，一种叫雅诗兰黛，一种叫兰蔻。说每件在国内都要值几百元，果真么？如果真是那样，那么我买的礼品就够用的了。

想到韩晗，真是一个好人，今年四十岁，一看便知精明干练。她到这里已经四年了，开始时孤身闯天下。她是西安人，在一个大学里教书，自己和加拿大联系，来到了这里读博士，靠自己的拼搏现在已有一定的位置，并且把老公和孩子也接到了这里。明天，中午要吃一顿饺子。今晚上，她不但贡献了家里的醋，还把家里的抽屉腾出来，盛家里的做饭用具，全部送到了这里，真是热情。

10 月11日

今天是感恩节，吃完早饭开始娱乐活动。先到活动室搞一个活动的启动仪式。活动室里女校长们已经进行了简单的，也是精心的设置，沙发中间，摆出了糖果，墙上挂起了中国结，什么时候都不忘自己是个中国人。布置虽然简单，但是很喜庆。启动仪式完毕，男校长们休息，女校长和领队石主任忙活起来。还是中国的特点。

做饭了，一些人炒菜，一些人包饺子，这些食品是跑了很多超市、自由市场买来的。没有案板，就把桌子擦干净。两个翻译几乎把家里所有的炊具都拿来了，供我们用。还是女校长们风格高，让我们男士先休息，他们做有关准备。我们来到另一间小休息室，桌上是女同胞们贡献出来的国内小吃：日本豆，怪味豆，花生，糖。真让人感动。我和韩晗的老公聊了起来。他是西安航空学院的大学教师，随爱人到这里，因为没有绿卡，只得在一家中国餐馆帮厨，问其收入，他说，加拿大政府规定最低工资是每小时7加元，他的老板给他7.5元。一天工作5个小时。我想，他们两个人都是大学教师，在国内应该过得非常体面，但到加拿大，他们做的是最下层的工作，生活极为清苦。他们的孩子叫庞博宇，一个非常聪明可爱的小男孩。

我们开始包饺子了，除了几个人炒菜，其他的人都在擀皮或包饺子，我来得晚了一些，很被同学们哄了一会儿。

终于可以吃饭了，屋内还是太挤，只得把椅子撤出去，把几张桌子码放在一起，人们围着桌子人挨人站着吃，桌子上摆满了饺子，团长石主任还为我们拿出了他的拿手好菜，炖肘子，还有几样菜是三种火腿肠，一个紫色的菜，一个炒菜花。为了使所有的人都能品尝到这几样中国菜，每两分钟都要围着桌子转几步，其乐融融。在国内，即使吃大餐也没有今天这样好的胃口。我们还品尝了当地的白葡萄酒，红葡萄酒，还有最有名的冰酒，因为太贵，只各买了一瓶，每人都只是一小口，绝对的品酒。在国外连开酒瓶都非常困难，加拿大商店不卖酒，再加上今天是感恩节，商店不开门，只有用筷子把软瓶塞通到瓶子里。

10月12日

今天，又开始了紧张的学习。上午，导师给我们讲关于加拿大的课堂文化，课堂文化这个词我还是第一次听说，概括起来，加拿大的课堂特点：

1.教师是实施组织者和引导者。教师教给学生知识是第二位的任务，第一位的是设计活动形式，组织形式，便学生能够通过活动自己学得知识。要求教师设计活动的能力非常强，只是对于加拿大的教师来说，简直不值一提。

2.注重交流。他们的观点是：看待同一事物，也有各自的视角，也有各自观察世界的方法，也有各自思考问题的方式，把这些通过交流，达到共享，就会使同组的人都有收获，不会有单一的思维方式，也不可能是唯一答案。

3.主张师生之间的平等。老师绝对不能当裁判者，而是当鼓动者，要经常性的鼓励，激发学生的积极性，以便达到旺盛的求知欲。

老师讲了一个例子：例如讲消防知识，老师会带学生到消防队参观，有条件还邀请消防队长给讲些东西。让学生看消防器材等，如果有学生父亲是消防队的，也会拿来一副消防器材让学生试一试。她的孙女在上三年级这节课时，在家做了个房子模型，里面设计的防火安全设施很有创意，还获了奖。

老师还给复印了一年级学生学习“我能……”造句的图片，看出加拿大学校确实是注重发展学生的能力。

这些东西我们接触了，试验了，但只学到了皮毛，有了形式，老师的观念没有，形式终归是形式。同时，我们也有很多限制教师采用更好方法的可能性，包括教材的编排，上级和社会对学生分数的过于热衷，中、高考考试的指挥作用，不是一个教师和一个学校就能完成的。

下午讲的是关于校长怎样使教师的职业发展更有效。主要是成人学习的特点，和调动教师学习积极性的方法，很实用。包括：

1.注意教师的需要。

2.尊重教师。

3.做中学。

4.组织教师协作学习法

这些都是我们在发展学习型组织的过程中特别注意的。

10 月13日

因为昨天晚上睡得不好，早晨起得比较晚。上午上课前老师把我们送她的围巾戴上了，我们都和她合影留念。老师要求我们继续准备校长职业化发展感兴趣问题的演讲，可以到图书馆、电脑室。我们准备发言的是：社区与学校。纪士更、卢通勇和我三个人一组，我们各自谈了自己的看法，因为我和纪校长都演讲过了，这次让小卢发言，我们帮他凑材料。谈到了沟通技巧，如学校计划、总结、校长的述职报告交给社区，大型活动请社区领导参加。发挥学校优势为社区办一些事，如电脑培训、节目会演、照顾老人等。很受启发。听说王京兰校长前几天的照片不慎删丢了，这是个损失和遗憾，不美满。拉着延庆的校长急急忙忙补照片。

中午吃饭的时候，一位校长说刚从网上看到，昌平实验小学因乱收费被处分了，说网上还有通州东关小学、教师进修学校。我马上到网上去查，没有查到。收费问题到底是谁的问题，我真替中国的校长悲哀，可能现在是有史以来学校校长最难受的时候，不干事的比干事的要保险，国家投入不足，黑锅要校长来背。动辄就撤校长，校长收费是为了什么？心情很不好。一个同学开玩笑说，如果现在国内给咱们谁处分，你们就不回去，等着引渡，校长们都苦笑。

下午老师讲了“领导的时间”专题。主要谈的是领导要工作有计划、能合理的安排时间、敢于用下属工作、处理好工作生活关系等。放了这个专题教育片。

放学以后，想做一个媒体幻灯片，做了5张，很麻烦。每张照片都要缩小。因为照片太多，选择适宜的也是很麻烦的事。

吃过晚饭，和一个台湾学生打了几盘乒乓球，台湾学生已经过来7年了，对我们很友好。好长时间没有这样出汗了，内衣已经湿透，但很痛快。旁边有台球，还有一种没见过的游戏器材，一个台子，有几个横杆，干上有小人形状的板。一个球，台子两边是像台球洞似的两个孔，四个人操作木杆击球，打进对方洞里算赢。打完球给学校打了电话，陈晓光接的，询问了收费检查的事，没检查北关，说学校没问题。

10 月14日

上午主要讲“变革”。面对这样频繁的变革校长应该怎样办。讲课不精彩也很浅显，休息之后放一个录像片，题目叫《牛的路》是一首寓言诗。一片森林里，一头牛，悠闲地走，踩出了一条路。后来，过了一段时间，一匹马也走，后来人也走，出现了村庄，出现了城市。人们都在抱怨这路怎么会这样曲曲折折，但谁也没试图改变它，就这样存在，也许始终存在下去。讨论了这首诗的寓意，各小组分别发言：概括起来，应该是：人们一般没有改革意识，发现不了什么可以变革。形成了思维定式；愿意依赖于别人的变革，自己不愿意承担风险和压力。变革就意味着风险，意味着有可能牺牲，而不变革，安全，不承担风险，不需要思考，不需要承担责任，不会被指责。因为这样也可以到达目的地，也就不会失败。中国的传统主张——中庸，历代改革者都需要相当大的勇气，所以人们更愿意做一个追随者。

然而唯有变革，才能有一片新的天地，才能够有更广阔的未来，所以能变革的人才是可敬的。

下午，我们参观了圣·保罗教会学校。这个学校总共八个年级和两个四五岁的学前班，共八个教学班，有复式班。学校设备依然不如国内，整个学校没有多媒体教室，我只在一个班里发现了投影仪和一台录音机。加拿大学校设备讲究实用。他们的电脑教室也是无盘工作站，但是上网了。学校总共10个老师，一个校长。10个老师中有八个包班，另外两个一个教体育，一个教法语。我们参观到班里的时候，一个老师正坐在讲桌上讲课，很没规矩，但是允许，另一个班的老师也坐在一个高台子上。同去的吴老师说，他们上次去的那个学校，正有一个老师躺在沙发上，和另一个老师聊天，学生在下面写作业。走到一个一年级班的时候，正是法语课，一群小学生还围成一个圆圈，用法语数数，旁边一个漂亮的小男孩自己在一个桌那坐着，我们问他犯什么错误了，他不回答，后来老师告诉我们，他们的游戏规则是：每个人数一个数，逢到整十的要坐下，说错了的要坐下，这个小孩数到十，该他坐下他不愿意。老师说这是游戏规则，你或者坐下，或者不游戏，孩子选择了后者。很好玩。这是游戏规则的教育吧！我们正看着，校长走到学生圈里，答了一个数之后就跪在了地上，看着其他同学数。这在国内恐怕没有吧。平等和谐的师生关系这个例子够生动。

我们和校长进行了一个半小时的座谈，问了所开的课程科目，校长如何调动教师积极性。他们开设科目较少，英语、法语、数学、体育、艺术、科学。到了圣诞节前为了排练节目，会上几节音乐课。老师们是不需要调动积极性的，因为他们从教本身是出于喜欢这一职业，不需要太多的管理。我们问她是否老师有教科研任务，她说那是专家和大学研究生的事，中学教师没有教科研。整个加拿大也没有几种给中小学教师的杂志，仅有的文章都出自专家和研究生。他们的老师是很累，可是没有国内教师那样多的任务，他们的全部精力都用在了学生的身上。我和校长要了一份加拿大教师评价的标准，并让校长给我校的教师写两句话，校长都愉快地答应并照办了。

晚饭后，几个人到湖边散步，走到了一片湖边别墅区，绿草如茵，枫树翠柏掩映中是一栋栋两层的别墅，月白色墙面，黑色屋顶，非常漂亮。每栋别墅前都有修剪得很好的松树、花草。正是晚上散步的时候，我们走了半个小时，除了见到一个小孩在玩滑板，就没有碰到别的人。整个别墅区内空空荡荡的，偶尔一两家开着灯。

10月15日

上午教师讲表现评估。安省以法律形式，制定了对教师的评估办法，分为16种能力，每一种都有可操作的评价要素，很像我国对学校的评价标准。但他们的可操作性更强。既有标准，又有等级框架表，很规范。又验证了我国该细的不细，该粗的不粗，特别是学生对教师的评价，只在12年级以上进行，相当于我们的高三了。我们也主张学生对教师的评价，在小学就进行。肯定是哪个领导没有深入了解国外学生对教师的评价，只知皮毛，就盲目效仿。小学生能评价教师，这在国外都不敢说，怕人笑掉大牙。校长的评估主要是对教师的指导，帮助支持其提高。

下午，相当于国内的市人大主任的一个政府官员和我们见面。友善，和蔼。就这样走到我们身边，要说职务不低了，但没有任何官架子，的确是公仆。他说他多次去中国，在中国李鹏总理曾经招待过他。我们提出和他照相，他非常配合。

晚上，我们准备写考察报告，小组进行了讨论，我组主要写关于实践对我们的启示。我组织了小组讨论，大家发言很热烈，也很有水平。主要从我们下学校考察得到的启示，归结起来大致有：

物质环境，强调够用就好。

人文环境，强调对人的全面关怀，对生命的尊重。

社会环境，宽松，对教育无论是社区还是公民，都对教育有深刻的认识。加拿大的学校也集资，采用的办法是组织学生向家长或邻居推销巧克力。推销的商品价格高于市场价格，差价为学校所有，用于改善办学条件，弥补经费不足。公民认为这是一项公益事业，一般需要者都从学生手里买。

教学方法上说，主要采用探究法。学校课程很浅，学生有充分的时间动手操作或集体探究。我国的教材太深，使老师疲于完成教学任务，根本不可能有很多的时间等待学生自己得出结论。因此我认为教材改革迫在眉睫。再有就是对学生的个体关怀。

学校管理是简单而高效的。设置扁平，省略了很多冗节。同时我建议规模办学要缓行，要大力推广小班化教学，使教师能够对每个人给予学习支持和关怀。挑战教师，勇于批判永远被欣赏。

10 月15日

今天去加拿大的议会山。议会山有些像我们的天安门广场，正中的是议事大厅，我们进去，经过了比较严格的安检。首先参观的是那里的下议院，也就是众议员，昨天见我们的官员，看起来位置很高。因为最高的一把椅子是他的专位，陈设不是特别豪华。这里是倾听民意的地方，因为所有的下议院官员都是民选的，代表不同地区，不同民众的利益。然后又参观了上议院。因为它要倾听不同民族、不同性别的声音，弥补了民选的不足。据导游说，这里虽然是周六，也许有政府官员在上班，所以要求我们肃静。

出了议会山，我们又参观了一个天主教堂，气氛肃穆也可以说富丽堂皇。虽然看起来很朴素，据说窗子玻璃都是艺术品，是一小块一小块对成的。

我们最后游览了枫树林，这里满山满山的枫树，大气磅礴，令人震撼。满地的枫叶红红的。参观的人很多，见到了一些中国人。其中见到了一拨到加拿大进修英语的江苏教师，当他们听说我们在皇后大学学习的时候，非常羡慕，说你们幸运，能上那么好的大学里学习。其实我们也羡慕他们能够在加拿大进行半年的进修。

晚餐的时候，班长张忠萍说下周发毕业证的时候，我们要唱几首歌，为了唱好，我们进行了演练，《同一首歌》、《难忘今宵》、《友谊地久天长》，在唱第二首中“共祝愿祖国好，祖国好”的时候，我们的眼里都噙满了泪水。没在异国他乡滞留的人，不会体会到人对自己的祖国的深厚感情。

10 月16日

周日，又是一个雨天，集体约定去一个大的购物市场去购物。挤公共汽车去的，非常狼狈。

在市场门前，看到了一辆专为残疾人设计的残疾公共汽车。公共汽车内设置的座位极少，留下大的空间放残疾人轮椅用。正看到三个残疾人上车，每个人都坐轮椅，车门处，放下一个电动近似于电梯的东西，残疾人把轮椅摇到一个平板上，司机帮助按动电源开关，电梯自动收缩，把人连同轮椅稳稳的缩上车，然后残疾人摇动轮椅，找到一个合适的位置，同参观的彦祥说：在加拿大，残疾人像皇上。真实，处处能见到国家设施对残疾人的关爱。

女士们采购很尽心尽力，都买的大包小包的，看出购物的快乐。回去还要挤公共汽车，加拿大的公共汽车半个小时一趟，因为他们有车的是多数，没车的极少，如果不是我们的加入，公共汽车是很少人的。加拿大车的座位少，连厕所的蹲位都少，我们看着非常宽敞豪华的厕所，里面竟只有两个蹲位。这在国内简直不可思议，我们的三居室还有两个卫生间呢。车的座位少，到我们上车，就不是每个人都有座位了。我问翻译，不是有站着的人不能开车么，她告诉我，那是校车的规定。在车上我闹了个笑话，车上靠窗子的地方有一个横着的绳，我以为是挂窗帘的，就把手搭在了绳上，我就发现，车在一个地方转来转去，等一会又在刚才停车的地方停了。一会儿，又是一圈，又在原来的地方停了。我纳闷这是干什么，突然听见在前面的翻译叫我的名字，让我不要拉那个绳。原来那个绳子是个提示司机有人下车的机关，司机总以为没下完车，所以在那个地方转圈。

非常累，一天陪女士们采购。

晚上，把上星期包的饺子又煮了，是西餐已经逐渐适应，还是饺子冷冻时间过长，反正是没有什么滋味。吃过饭，又练了会歌。

10月17日

今天，天放晴了。只有三天课了。上午，是加拿大一个英语学校的校长来讲英语怎么教。一方面是在传授教学方法，一方面也是在给这个学校做宣传，给他们增加生源。再有就是一个在加拿大读硕士的中国学生给讲学英语从音素入手的研究成果。有一定道理。Rruth拿来了一张报纸，上面有图片，是报道我们在加拿大上学之事情的，里面薛锡兰，刘慧兰大照片极大，我在她们两个人的后面，好像在和别人说什么，也照出来了。这是这次学习的一个幸运之事。

下午讲良好的交流策略，怎么倾听，怎么交流，怎么写作。加拿大多研究实用的东西，这些在我国是没人研究的，虽然实用但登不了大雅之堂。我们缺的，就是这种扎扎实实的东西。我问过我们同行的老刘，中国是什么时候开始形式主义盛行的，他说，你想这是不是中国的传统，我们从封建时代就讲排场，从上到下。我想了想，确实。

休息的时候，我还在思考我们的演讲题目：学校与社区。我突然想到，我们要充分利用社区资源，采用研究式学习时受到很多局限的，即使我们的社区完全给我们的教育教学提供便利，即使我们的老师都擅长研究式教学的方法，但是我们仍然不能够实施，因为我们的教学难度太大，知识太多，我们没有时间去搞探究；再有，高考不改革到位，考知识比例这样大，不考动手操作，谁又敢发展学生的能力。假如我们学习一方面知识就可以发展学生的多项能力，而另一个学校他不发展学生的能力而学三方面的知识，而考了两个方面知识。自然后者占了便宜，谁又愿意去做这种费力不讨好的事呢?

我昨天晚上睡不着，想了想此次加拿大之行的一些感受：

加拿大的人健康、高大、文明、简单。

加拿大的环境：优美、色彩艳丽、整洁、舒适。

加拿大的课堂文化：追求学生的快乐、师生关系平等、注重探究、随意、重实效。

10 月19日

上午，讲问题的解决，作决定的策略。内容不新，但老师采用的方法很好，首先是让每组写一篇工作案例并提出问题，然后组与组之间进行交流，并帮助想出解决的策略。案例对于我们的工作水平提高太有帮助了，也是我所缺乏的，老师的班主任工作也非常需要这样的案例讨论，会给老师提供间接经验。校长之间也需要上级领导搭建平台，作为培训校长的非常有实效的方法和形式。

下午是专题陈述，看出这个团队每个人的素质都非常高，同时这些成功校长们别看平时嘻嘻哈哈，但到正式的时候，每个人准备得都非常认真，可以说是一丝不苟。所有的人对自己的陈述都作了精心的准备，对陈述稿进行了反复的修改，对陈述形式进行了精心设计。有的是以形式新颖见长，作了投影片，有的采用幽默的语言表述看法，有的内容新，观点新，引经据典，叙述抒情，都力争别出心裁，给人耳目一新的感觉。同时可以看出这些校长的思路开阔，想得非常细致。要求三个小时四组陈述，我们用了近四个小时，还简化了一个答辩环节。确有专家云集的感觉。

明天上午继续专题陈述。晚上练歌，准备迎接明天的结业式。

如果说这次加拿大之行最大的收获是什么？怎么答?

加拿大的教育特点：注重人文关怀，注重利用各种资源（资源的概念很宽泛），注重信息多向交流，注重简单而高效，注重学生挑战权威。学校文化中还有一项就是：注重教师的职业生涯。

加拿大的文化特点是：注重人文关怀，人际关系简单但富有实效。加拿大公民素质表现在文明，谦让。

10 月20日

我们的住。

我们住在加拿大皇后大学教育学院的大学生公寓。他们的公寓是一个和我们国内一样的火柴盒式的楼房，都是单间，有五六平方米的样子。里面陈设简单，一个衣柜，一个三层杂物柜，一个三层的带有抽屉的木柜子，一个写字台，还有一张单人床，把小房间已经占得严严实实。桌上一部电话，既可以打房间之间的电话，也可也打国际长途。楼道里有厕所，只有一个蹲位，非常小的厕所。不过，洗手池有热水，24小时供应。

我们的吃。

我们早晚两顿是西餐，中午是学校附近的一家中餐馆送来中餐，说是中餐，也是西餐的味道。整根芹菜，或整个菜花，简单地用刀剁剁就炒。加拿大基本上不用燃气灶，更不要说炉火了。都是在电炉子上做的饭菜，感觉半生不熟的。承蒙他们的好意，还不好推辞。其实还不如吃西餐。

上午继续陈述，三个组讲，讲完了已经是中午11：45。通过这次学习我感到，中国人的思维能力，特别是说的能力，条理清楚，层次性强，逻辑关系正确，要远比加拿大人高明得多。我们的发言得到了老师高度的评价，有些发言简直听得老师目瞪口呆，像学生一样的追问，似乎是想向我们学点什么。其中，张忠萍组发言时提到了关于建立学校志愿者协会，招募学校志愿者一项策略，对我很有启发。上次在召开家长座谈会时，我曾向家长呼吁对学校给予帮助，这是不行的，应该采取有效的策略，从小处着手，一步一步慢慢来，如果能发动几十名家长对学校予以帮助，就可以产生一定的社会效益。

吃中饭的时候，卡尔又布置了下午的毕业晚宴。终于学完了，要回家了。出来的时间久了，外面再好，也有想家的感觉。经过几天的风，加拿大显出了晚秋的萧瑟，树叶掉得很厉害，给人残花败柳，人老珠黄的感觉，但仍不失风韵。

毕业晚宴是在皇后大学的教工俱乐部进行，学校要给我们举行烛光晚宴。

我们每个人都很兴奋，穿上正装，来到俱乐部。光是在一楼的酒馆每人一杯酒，可以是红或白的葡萄酒，也可以是威士忌。每个人手里都拿了一张酒票，可以自选，但只能选一样，也只能选一杯。我们自由地和校方领导、小学校长碰杯，照相。半个小时后，来到了二楼，用汤和火鸡招待我们。校长致词，我方石主任致词，对方主任致词，我方班长致词。我们的老师伊林致词。然后由主任和伊林给我们每个人都一一颁发毕业证。毕业证做工精美。最后是我们的合唱：《同一首歌》。水千条山万座我们曾走过，每一次相逢和笑脸都彼此铭刻，在阳光灿烂欢乐的日子里，我们手拉手啊，想说得太多……同样的感受给了我们同样的渴望，同样的欢乐给了我们同一首歌……活动高潮是我们和加方的老师们同声合唱《友谊地久天长》，优美的歌声在我们的心中久久回荡。

三个星期的学习，就要离开了，美丽的加拿大和这里可敬的人民，我不知道此生还能不能再来，但加拿大给我留下的印象我会终身难忘的。

10月21日

早晨，我们早早起来收拾行装，今天就要离开皇后大学，踏上归途了。草草地吃了早饭，我们开始向多伦多方向出发，沿途我们要参观位于加美交界处的尼亚加拉大瀑布。先行车五个小时，来到瀑布。赶上阴天，瀑布在雨雾和瀑布本身溅出的水雾中，时隐时现。这是世界有名的瀑布，从美国流来的尼亚加拉河到这里突然落到几百米深的涧底，形成了壮观的瀑布。这里集中了三个瀑布，两个大的几乎相连，百米外那个较小的，也和我国的黄果树瀑布大小相似。有意思的是，水是从美国流来的，到了深涧处就是加拿大，因此美国人是站在瀑布的上边，却欣赏不到瀑布的壮观，他们要想看瀑布，只能坐船从涧底往上看。因此水中有不少游船。瀑布不远处是一座桥，连接加美两个国家。这座桥就是我国商人赵燕无辜被美国警察殴打的地方，我和教育学院陈爱必教授和西单小学吴校长离开大队，想去看看这座桥。当时是赵燕在那里照相，美国警察抓到一个贩毒的人，带到旁边一间房子问到同伙是谁，那个家伙随便指了一下两个中国人，警察过来拘捕赵燕和他的伙伴，赵燕莫名其妙，想抗争，遭到了美国警察的殴打。到现在，这场官司还没打完。这座桥看着近，走起来很远，好不容易走到桥头，我们也怕误入国境，打听了一下，说桥为美加共有，可以上去，但必须付50美分。再加上吴校长没有带护照。再一看，还有20分钟就开车了，我们需要尽快回去。回去的路上，我们紧走半天，也没见同学的影子，陈教授和我说，咱们跑吧。于是我们三个人慢跑起来，陈教授今年57岁，但跑起来步伐轻盈，跑了10分钟，追上了大部队，我已是满头的汗，陈教授也出汗了。晚上，我们仍住在我们来时在多伦多住过的宾馆。明天早上我们又要经历两次几乎是连续的飞行，在飞机中要熬14 个小时。不过就要回家了，心里还是很高兴的。

10 月22日—23日

我们回来实际上飞行了17个小时，加上中间温哥华三个小时的转机和其前前后后的入关出关，整整24个小时。飞回了北京，结束了这次充实的学习。

第6辑 教育诗文

导 读

因为少年时做过文学梦，所以有时喜欢舞文弄墨，写一些带有文学色彩的文章。与老师共享，一方面提高了自己的非权力影响力，还能得到一巧破千斤的效果。这些文章不是为了圆文学梦，实际上是为了圆教育梦，故称《教育诗文》。

与书法家

在家乡

在钱穆故居

作嘉宾

石灰草

写作背景介绍：《石灰草》作于2006年4月28日，当时在北关小学任校长。我和老师们在一所条件简陋的学校拼搏着，深感老师们的敬业精神，写了这篇文章。这篇文章发在我的博客中，很快在老师中传阅开了，并且又很快在学生和学生家长中间传阅开来。短短几百字的小文，激发了教师的工作热情，赢得了学生和学生家长对学校的信赖。

在高楼林立的通州城区东部,是驰名世界的京杭大运河。通州区的北部，城乡结合部的地方，有一条河，是连接运河与北京城的一条河，叫通惠河。通惠河北岸，靠近运河的地方，有一所小学叫北关小学。学校周围是一片拥挤的平房区，放眼望去，房屋高矮不齐，大小不一，破烂不堪。这里原来居住的是当地的农民，随着农民收入的增加，大多数家庭都在通惠河以南的城市中心买了楼房，把平房腾出来，租给到北京的贫困的打工者。留下来的一小部分老住户，大都是没有什么能力，买不起楼房的失地农民。租房的清一色是外地打工的普通劳动者，他们租不起楼房，只能一家三四口人挤在一两间租来的平房里艰苦度日。他们从事的职业都不需要什么投资，也不需要什么技术，有自由市场卖青菜卖水果的、街边炸油饼的、走街串巷收破烂的，还有一些是在建筑工地打工的。这些人早出晚归，工作辛苦，收入微薄。他们的孩子到了入学年龄，都送到北关小学上学。

北关小学是一所百年老校，校长和老师们在学校条件允许的范围内，接收了这些外地打工子女。“穷人的孩子早当家”。这些孩子大多能够吃苦，学习很刻苦。但是他们基本没有接受学前教育，家长也没有能力辅导他们，所以习惯差，纪律性差。政府为了奖励这所学校的平民化办学思想，对学校的投资力度越来越大，学校条件在2002年以后有很大改善。

这所学校因为是历史悠久的学校，所以老师在通州区是一流的，有些老师在通州区很有名儿。校长很年轻，大学本科毕业，坚信教育能改变一个人的命运，所以对这些孩子倾注了很大的爱心和精力。这所学校的老师非常敬业，市、区级骨干教师的比例很高，无论年龄大小，都对孩子充满了爱心。虽然条件艰苦，待遇比不过每年都能收到大笔捐资助学款的学校。生源也很差，野惯了的孩子需要慢慢培养规矩。但老师默默地承受着，咬着牙坚持着，都为了一种教师的职业良知和教育理想，任劳任怨。经过努力，学校办得很有起色，很多项工作在市里、区里受到表彰，学生成绩也很好，学生和他们的家长很满意。

学校是楼房，楼房前边是一个大操场。学校的各项设施都很先进了，唯独操场还没有改造，是一个土操场。操场在建校的时候是一个几人深的大坑，用石灰面填平的。现任校长和前任校长都为操场伤透了脑筋，因为操场是石灰填的，非常不好用，老师们开玩笑说："我们的操场晴天是洋灰（扬灰）的，雨天是水泥（水和泥）的。"所以两任校长都想办法在石灰上面铺上土。但因为石灰不吸水，所以上面的土还是总是形成土面子，在操场上跑上一圈，满身满脸都是土。

就是在操场薄薄的一层土面上，每到春天只要有一些雨，就生长出一种草，水分多一些的时候，茎是绿色的，水分少的时候茎是铁红色的，非常坚硬。在茎上是不大的叶子，呈土绿色。拔起草来，是一条粗粗的主根，很长很长，生长着细细的须。更可贵的是，这种草只要生长不多天，就能开出极细小的绿色花来，一长串绿色的花，花的顶端是一小堆儿果实。这种草生命力太强了，操场坑洼的地方只要有些潮湿，就能存活生长。这种草精神太伟大了，只要有机会，就给操场带来一片片绿色来。还要开花，展示生命的美丽；还要结出果实，体现生命的价值。没有人知道种草叫什么名字，因为它能在石灰上生长，我们就叫它石灰草。

我很敬佩这种草，因为在这种草的身上，我看到了北关小学老师们的精神：顽强，坚韧，无私。这不正是北关小学的传统吗！

四十不惑

写作背景：2007年1月，因为有一名老师成为学校的"个别人"，和集体格格不入，又把原因归到其他人头上。我写了这篇带有哲思的短文放在我的博客中，这位老师看到了，找到我，说看了这篇对自己启发很大，想换个环境自己有意识地改变一下。后来这位老师到另一所学校，很努力地和其他老师搞好关系，逐步地快乐了起来。

转眼已经四十二岁了，人们都说四十不惑，我理解四十不惑的意思主要是对于人生而言的，就是有些事情可以想明白了。有些事情不会被迷惑了。有了很好的自省能力，有了很好的思维深刻性和批判性。看人不再仅仅是听其言，而更主要的是观其行；看事不再仅仅是只去区分好或坏，而能够看出事物为什么是这个样子的。看自己，有了一份更清醒的认识，知道自己哪些是强，哪些是弱，很少因为别人的捧或骂而迷失自己。有人说，青年天生就是诗人，而老人，天生就是哲学家。我四十二岁的时候，应该是接近哲学家的时候了，因此想总结一些哲理性的东西，算作对前四十二年的人生感悟。

我们以打扑克为例来说明人的一生。有的人抓到手里就是一副好牌，轻而易举的就可以成功；有的人抓到手里的是一副孬牌，非常努力打，也很有技巧，但难免失败。也有的本来是一副孬牌，但有上一家的帮衬，可能也走得很好。这就是机遇或者叫命运。

我们做一个教师，你手里的牌虽然说不上很好，但是也是中等了，没有必要抱怨，和你同样智力和能力，如果是农民会怎样？如果是生在边远地区会怎样？想想这些还有什么可抱怨的呢！

我们的无论班子人员还是教师，在一起工作已经将近五年了，如果说谁还不了解谁那就是假话了。一个人无论他多么善于伪装，一起工作五年那么他的品质、能力都会暴露在大家面前，谁也做不了假。问题是，每个人对自己的看法和别人对自己的看法总会有距离。

自己一般来说都会把自己看成是“好人”。但真正是不是好人，或者像自己把自己想象的那样好，我看自己是没有把握的。因为即使恶人，在他做恶事的时候，他也有他的道理，你看电影里的黑社会老大，在他草菅人命，肆意杀人的时候，他也会振振有词。

如何判定自己，首先是看人们对自己的态度，当有一些人开始愿意接触你，后来慢慢又疏远了，这是该思考的不是抱怨别人的疏远，而是应该自责，拷问自己为什么别人会疏远自己。一个常常从自己身上找原因的人，才会越来越成熟。把原因都推在别人身上，是最省力的办法，也是最不明智的办法。

其次看自己对别人的态度。当你感觉身边的人都不顺眼的时候，你应该警醒自己，自己出现问题了，自己将被这个集体所抛弃。不要简单地把问题归结为“世人皆醉我独醒，世浑浊兮我独清”。

深刻地反省自己的待人接物是不是无愧于心。不要把自己当成聪明人，想通过心计得到别人的尊重或爱。当人们感觉到是被你欺骗了的时候，会一生对你充满戒备。对你充满戒备的人多了，你就把自己束缚到了一个自我封闭的圈子里。不要把自己当成可以君临天下的英雄，当面的唯唯诺诺不代表内心的臣服，当你试图想让别人怕你的时候，你其实是给自己制造了一个掘墓者。因为人人都有清除掉对自己有危险的人物的欲望。一个人的世界充满孤独和痛苦。

北关小学赞

2007年12月6日晨，大病初愈，坐办公室内隔窗远眺，恰旭日东升。“一支塔影认通州”。通州燃灯塔此时在红日照射下流光溢彩，心有跃跃焉。

窗含宝塔日镏金，
门过流水气氤氲。
学堂百年老旧貌，
校园今日气象新。
地僻名微学校小，
卧虎藏龙有真人。
人生过半鬓未白，
大病过后长精神。

(这首诗首联写校园周边典型景象。颈联写校园面貌的巨大变化。颔联写学校现时，点出我校的巨大优势。尾联自励。)

小品文两则

写作背景：作于2007年8月。我发现教师中有不团结的现象。经过调查，是因为某些小事或者沟通不畅造成。我写了这样两篇小品文来教育全体教师。

影响人一生的“重大事件”

甲老师和乙老师在某个场合拌了几句嘴，于是谁都不理谁。

甲老师说：就因为这个学校里有了乙，我到学校上班都犯憷，不想上班，心里好像压了大石头。乙老师也说：我就不愿意见甲，我的心脏不好，见了甲就堵得慌，这班没法上。但为了生活两个人每天都要上班。但谁的心里都不舒服。日复一日、年复一年。

和甲关系不错的老师受甲的影响，对乙也有看法，见乙之后也讪讪的。和乙的关系近的老师见到甲也讪讪的。于是形成了各自的小团体，因为甲乙两个人的原因造成很多人心里都不舒服。

由于相处时间长了，像滚雪球一样，这所学校心里不舒服的人越来越多。

在某一时刻，因为某种原因，甲和乙捐弃前嫌，和好如初了。但周围的人却不会很快和好。团体还是这样按照这个惯性发展下去。因此人们心里还是不舒服。

就这样一群人心里不舒服，年复一年。

若干年后回忆：因为那样一件小事而影响这么多年的心理健康，值得么?

能够让朋友决裂的一句闲话

甲和丙闲谈，丙说：“我现在才认清乙！他和你关系那么好，却在那样的场合说你坏话，这个人的品质真成问题!”

甲大惊，自思：“我和乙没有矛盾呀，他怎么能这样！”于是愤愤然，不再理乙。

过一段时间乙感觉到了甲对自己的疏远，百思不解。我没有对不起你的地方，你怎么能这个态度对待我！于是找甲沟通。甲气愤地说：“你自己知道为什么！你在某某场合瞎说我什么来得?!”

乙回忆说：“没有说过你什么呀!”

甲愈加气愤了：“说了还不承认，足见你的品质成问题。”

乙委屈。“还朋友呢，连我都不相信，算什么朋友。”于是也愤愤然。

甲想：“你在背后说我坏话你还有理了，更加愤怒，于是拂袖而去。”

至此，甲乙关系真正紧张起来。

寓言两则

写作背景：2009年下半年，北京市进行工资改革，各校在工资改革中要制定《课时津贴方案》，这个方案关系到每个教职工的切身利益，不少学校出现了矛盾，甚至有个别学校出现了罢课。为了沟通思想，我为老师讲了两个寓言，一个是听来的，一个是自己创作的。

寓言之一：

我在拿出方案之前的思想沟通会上，先讲了一个印度的寓言故事：上帝答应可以满足某人一项要求，前提是，满足你的一个要求，要给你的邻居两倍于你的要求。例如满足你一块金币，同时你的邻居可以得到两块金币。我问老师，你们认为这个人会提什么要求，老师们答不上来。故事的结局是：这个人对上帝说：你挖掉我的一只眼睛吧，剩一只眼睛我还可以看见，我的邻居全瞎了。听了这个故事老师们大笑。在这大笑之后，老师们有所悟。

寓言之二：

我把我校的课时津贴方案的初步想法向老师们说了，老师们也议论纷纷，每个人都要争取利益的最大化。我耐心倾听老师们的意见。过了几天，我编了一则寓言故事：

某国教师待遇低，仅够教师的衣食之需。国王大发慈悲，要给每个老师涨工资，下令按每个人700国币发下去。

最终任务落在校长头上。

甲校仅有两个班。两个班的学生数不同。校长说，按学生数发吧。学生数少的班老师说："不妥，我班的智力低下者比他班多好几个，我付出的比他多，我应该多得。"校长无奈。

乙校仅有两个班，学生数相同，学生智力相同。校长说，平均发吧。一个说："不妥，我比他水平高，我应该多得。"校长无奈。

丙校只有一个班，只开两门课，一个数学老师，一个美术老师。校长说，数学老师多得些吧。美术老师说："不妥，也许我能培养出毕加索，他敢说能培养出数学巨匠吗？"校长无奈。

丁校只有一个班，一个老师。校长说："给你700国币吧。"老师说："不妥，我和甲校比，他才交20个学生，我教40个，工作量一样吗？"校长无奈。

戊校……

（下面还有X个学校，会出现X种情况，每位读者可以凭想象在这里续写不同情况。）

结果一：一群无奈的校长找到了教委主任，教委主任对校长们发火道："怎么连发钱这样的好事都做不好？"于是校长回去继续研讨，可能会无限地研讨下去。

结果二：一群无奈的校长找到了教委主任，教委主任觉得无奈，去请示国王。

情况一：国王发火道："怎么连发钱这样的好事都做不好？"于是教委主任回去召集校长们研讨，可能会无限地研讨下去。

情况二：国王无奈，去请示上帝。

情景一：上帝发火道"怎么连发钱这样的好事都做不好？"于是国王回去闭门思索，可能会无限地思索下去。

情景二：上帝开始想召见智慧女神，让智慧女神出主意。

聪明的读者，如果你是智慧女神，你是选择逃避，还是有什么智慧解决所有问题。

我把这个故事印发给每一位老师，老师们读了之后程度不同地理解了制定方案的难度。然后，我拿出了我校班子制定的课时津贴方案。

全体通过。

别北关小学

写作背景：2009年底，因为工作需要，我从北关小学调出，不少老师依依不舍，洒泪送别。我对北关小学也充满了不舍之情，在欢送会上，我朗诵了拟徐志摩诗《再别康桥》写下的此首《别北关小学》。

轻轻的我走了正如我轻轻的来
我轻轻的挥手
作别西天的云彩

朝霞中的通州塔，听惯了同学们的读书声
明镜般的通惠河，映照出教师们幸福的脸庞

操场承载了同学们阳光下的歌笑
教学楼装满老师们熟悉的匆忙

还有学生食堂里的喧嚣
还有校门口队旗下的监督岗

还有旅游中
泰山路的蹒跚
西湖边的浪漫
青岛海水的蔚蓝
九寨沟的风光无限
闭上眼睛，
都是那样的熟悉，那样回味悠远

望望宽敞的甬路
转转新装的教学楼
走走新建的多功能厅
看看现代专用教室、计算机房

这一切洒下了我和老师们的汗水
这一切又凝聚着我们五彩斑斓的希望

悄悄的我走了正如我悄悄的来

我挥一挥衣袖
不带走一片云彩

“省心”的女儿“费心”的爸妈

写作背景：我的女儿从小学到高中一直是非常好的学生。懂事且学习成绩优异。老师们经常和我探讨育儿经验。本篇是应《当代家庭教育报》而撰写的家教经验

熟悉我女儿的人都说我有福气，夸孩子的同时总要羡慕地说一句：“该着你省心。”在外人看来我的女儿从小到大都是乖乖女，给了我们很多骄傲：聪明、懂事、爱学习、成绩又好。其实“省心”的背后我们也有很多的“费心”。有了我们背后的费心，才有表面的省心。

费心经营夫妻关系，给孩子一个温馨的家庭环境。我和爱人有一条约定，在孩子面前总是一张笑脸。也许您觉得这一条很简单，但对于孩子却非常重要。夫妻关系对孩子的心理、性格影响非常大，很多单亲家庭的孩子成长问题突出，究其根源，主要是夫妻关系的不和睦。如果父母能互敬互爱，和睦相处，表现得宽容、乐观，不仅能使孩子得到关心爱护，获得爱和尊重的体验，同时也为孩子如何做人处事提供了榜样，对孩子产生潜移默化的影响。孩子会把父母处理夫妻关系的方式内化于心，会在自己的人生中加以模仿。

和睦的夫妻关系是父母给孩子最好的礼物，更是对孩子影响最深，最具渗透力的教育力量。

费心经营亲子关系，多年父子成兄弟。我的女儿和我们相处从来都是畅所欲言，无所顾忌。我们和孩子之间经常的互相开玩笑、一起做游戏、一起逛公园，在这样的互动中建立起了融洽的亲子关系。当父母和孩子建立起这样的关系的时候，会让孩子领悟到被爱的喜悦与安全，学习到自爱与自尊，从而自动自发地力求上进，孩子会自觉地朝着父母期待的方向去努力。有了这样的融洽的亲子关系，孩子也会看出父母欣赏他什么行为，激励她继续努力；也能看出父母不欣赏

她甚至反感她的什么行为，她会自觉去纠正。

如果亲子关系不融洽，很容易使孩子产生逆反心理，使得我们对孩子的教育大打折扣。也容易使孩子形成孤僻、冷漠等不良性格。

融洽的亲子关系是打开孩子心灵的一把钥匙，她会使父母的教育像春雨润物一样自然

费心理清成绩与成人的关系，使家成为培养孩子品德的教室。任何孩子的成绩都不会始终优秀，我的孩子也如此。见到孩子的成绩不理想难免担心甚至恼火。但是有一点我始终保持：绝不因为孩子的学习成绩批评她。因为我始终坚信自己的孩子喜欢学习,我也知道孩子在学习中遇到困难是正常现象。

“望子成龙”，几乎是每一个家长的心愿。家长对孩子“动怒”，多数是因为学习成绩，这说明家长把孩子的学习成绩放在了家庭教育的首位，这是家长的一个认识误区。专家指出孩子最应该具有“诚实、勤劳、自信、独立、责任、勇敢、坚强、上进、善良、分享、宽容、礼貌、感恩、谦虚”等十四个关键品质。通过家长的培养，孩子们如果具备了这些最闪光，最宝贵的做人品质，那么他的学习成绩根本不愁不优秀，他的事业不愁不成功，他的生命不愁不灿烂。

家长的目光聚焦于孩子的品质而不紧盯着成绩是家长教育孩子的必要修炼。

费心端正家长意愿和孩子兴趣的关系，尊重孩子的选择。我女儿从幼儿园到高中，学过乒乓球、游泳、国画、电子琴、吉他、英语、奥数。看起来很不少，但是每一项都是她愿意报，我支持；她不再学了，我也不反对。后来她又愿意学了，我还支持。一切从孩子的兴趣出发，从不强迫孩子。

现在的父母们都希望自己的孩子多才多艺，成为一个优秀的孩子。那么，选哪种才，学哪门艺？是家长说了算还是孩子说了算？这实质上是家庭教育中孩子兴趣与家长意愿的冲突和矛盾。

在现实生活中，孩子报什么兴趣班，很多是由家长的意愿决定。报班的出发点是“不能输给其他孩子”、“ 孩子年龄小，让孩子试试”、“今后让孩子干艺术”、“ 考个证书，选个好学校”。从此不难看出，家长给孩子报班多有主观性和明确的目的性，替孩子兴趣做主，家长的意愿忽视孩子的感受，缺乏和孩子商议沟通。如果家长意愿和孩子兴趣巧合，孩子家长都高兴；如果两者不一致，受伤的不仅是孩子。

“兴趣是最好的老师。”家长要尊重孩子，尊重和保护孩子兴趣，既不压制孩

子的兴趣，也不拔苗助长。应该淡化孩子兴趣培养的功利性，更不能逼孩子做孩子不感兴趣的事。

兴趣是孩子充满自信的源泉之一，是孩子尚待开发的强势智慧，作为家长要多给孩子多种尝试的机会。

费心选择教育方法，让孩子在欣赏中成长。我的女儿在整个的学习阶段，都认为自己在她的群体里是最优秀的几个学生之一，直到她在北京市重点高中强手云集的学校，她也如此认为。

实事求是地说她的智力并不是真的出类拔萃，而是我们在孩子成长过程中，从小到大始终是以欣赏表扬为主。我们遵循这样几个原则供家长参考：1.以正面的鼓励、引导为主；2.以挖掘孩子的自我教育能力为主；3.一旦发现孩子身上的问题，批评两次不如批评一次表扬一次；4. 一定要给孩子明确、具体的进步目标，为孩子创造感受成功的机会；5.尽可能地和学校保持目标一致、步调一致，形成教育合力。

每一个家庭情境千差万别，家长的教育能力各有差异，孩子的天性禀赋也不尽相同，使得在家庭教育过程中采取的策略、方式、方法会多种多样。不要轻言谁家的孩子省心，也不要徒然的羡慕别人。任何孩子都是需要教育的，教育结果的差异在于是否掌握了家庭教育的规律。努力掌握规律，运用规律去教育孩子，需要家长多多费心。

成人礼仪式上给女儿的信

2010 年，女儿18岁了。在“五四青年节”的那天，女儿就读的北师大二附中为所有即将参加高考的孩子们举行“成人礼仪式”，其中的一个环节是交换父母和孩子事先给对方写好的信，读信场面甚为感人。这是我给我女儿写的信。

大闺女：

这是你小的时候我对你的称呼。记得有时候我叫你的声音越来越高，你回应我“爸（四声）爸（一声）”的声音也越来越高。我叫你的时候其实是在抒发我对你的爱。我听着你的回应如饮甘泉。现在，我也有时候这样称呼你，因为在我的眼里你还是个孩子，但是——你已经长大了。

18 年来，你给父母带来了无穷的快乐。你给父母带来了自豪和骄傲。你也给父母带来了很美很美的希望和梦想。真的很感谢北师大二附中举办成人礼仪式。否则我还不愿意承认你长大了。多么想你还是个孩子，因为养育你是父母的幸福。

但是你确实长大了。

长大了就意味着要独立地闯天下了。

成人以后，你首先要独立面对的是人生的第一次大的考验：高考。你的父母坚定地站在你的后面，用信任的目光注视你去冲击。无论结果怎样，我需要的是你迎击的姿态。你不是喜欢鹰吗？你知道鹰是怎么学会飞翔的？它是站在悬崖上，起飞，不怕粉身碎骨。当它勇敢地跨出这一步的时候，它飞翔了！这才有你所喜欢的它的搏击长空的英姿。

现在已经可以预期，你比你的父母要成功得多。因为无论你的智力和你接受的教育都要远远比你的父母好。但是在你的成人礼上，我还是想叮嘱你：无论何时，遇到何事，都要重视你父母的意见。因为经验需要慢慢的积累。

孩子，既然长大了，就要迎接它。你从小就对什么都跃跃欲试，我相信，你现在，在18岁的时候，肯定会对未来也跃跃欲试，去吧！勇敢地面对未来！你的父母会永远的祝福你。

这封信虽然是老爸写的，但也表达了你老妈的意思。

祝你一生幸福。

你的老爸老妈

2010 年5月4日

悼母亲

谨以此献给关心我的老师

写作背景：我于2009年调到现在的学校－南关小学。2011年3月15日母亲病逝，我因为种种顾虑，向老师封锁了我母亲去世的消息。我上班以后，有些老师认为我家里出这么大事不和老师说，表明还没有融入这个集体。我写此文，一方面悼念母亲，一方面向老师说明我的想法。我敢肯定老师们都读过了，很多人都和我说，是流着泪读完的。

2011年3月15日，上午去教委刚刚开完一个会，下午2：45，我正在学校与德育主任商量一件事，手机响了，是侄媳妇用强作镇静的声音告诉我：“老叔，您回来吧。我奶奶病重得很厉害。”我追问到什么程度了，对方略一迟疑：“您开车慢点。”随即挂了电话。我当即明白了事情的严重，因为除了周六周日我到母亲床前尽孝，其他时间，我的哥哥嫂嫂以至于晚辈们，从来不打搅我。

我当即和德育主任说：“我母亲可能要不行了，学校的事拜托你们了。”

然后又到了副校长办公室，向副校长简单说明情况，嘱咐说：“学校这段时间太忙，老师们太辛苦，不要惊动老师们。”说完我掉头跑下楼去，因为我已经控制不了自己。委屈的泪水夺眶而出。因为十年前，父亲去世时，我正在农村中心校，给完小校长开会，我就没赶上看老人的最后一眼，母亲这次恐怕也……

小张给我开着车，感谢小张他了解我此时的心情，在运河大堤上，车时速一般不低于100，偶尔能到140，我嘴上反复地提醒：不急，慢点开。其实，我恨不能飞到母亲床前。

车停在了我家的门口。我打开车门，连跑带爬地进了屋。母亲已经停放好。果然，被父母一直溺爱的小儿子，在父母倒头的时候，都没有陪伴上老人。我一头跪在母亲的灵前，放声大哭：“妈！为什么不等等我呀！”随着我的到来，哥哥姐姐们又哭成了一片。我瘫软在了灵前，是过来帮忙的街坊们把我搀起来。

这一夜，我要求守灵，三哥陪着我。我过一会儿，就把灵前的香续一次，直到放完午夜的炮仗之后，我让三哥休息一会儿，三哥推辞了。我和衣躺在了母亲灵边的床上，说：“今天，我再陪妈睡一宿。”合上眼，母亲的音容笑貌在脑海里浮现。

母亲操劳一生。她生育了五男三女，她又看大了她的八个孙子孙女。在我的记忆中，看孩子、做饭、洗衣服是她一生的主要工作。

母亲为儿女看孩子总是任劳任怨。她看大了我们兄弟五个人的八个孩子，我的孩子最小。她抱着我女儿的时候对着孩子经常说的一句话是“我再把你看大了，我就算熬出来了”。我女儿出生时，我母亲已经68岁。直到孩子五周半上幼儿园我才把孩子接到身边。当时我的母亲73岁，我的父亲72岁。还记得我要把孩子接走时，我的母亲号啕大哭，她说：“你知道吗？你们是在撕我的心和肝。”我说那就再把她留在您身边一年，我母亲很快冷静下来。“我不能耽误孩子上学！”我的女儿始终记得奶奶对她的疼爱，她在小学四年级时发表的第一篇作文就是《我陪奶奶“拉大车”》，记述了她为了讨奶奶高兴，陪奶奶玩一种简单的纸牌游戏。

我小的时候，由于家里孩子多，家里日子很紧张。有个鸡蛋、或者做一些白米白面的饭食。母亲首先是给我的父亲和孩子，如果剩下一些，也要留起来，给孩子下一顿吃，自己从来舍不得吃。家里最难下咽的饭菜始终是她留给自己的。家里穷，买不起新衣服，母亲总是把破了的衣服补得很整齐，也很漂亮。母亲的针线活很好。她往往一边补衣服一边说："笑破不笑补，补好了，就和新的一样。""新三年，旧三年，缝缝补补又三年。""不破不脏没人笑话"。我也没有穿过太脏的衣服，记得有一年我的棉裤脏了，赶上周日，妈妈让我穿上爸爸的皮裤在屋里呆着，她拆了我的棉裤，洗了，冬天干不了，她就烧起大柴锅，把衣服放在锅里炕。八九分干的时候，她把棉裤做好，然后再放在炉火上烘。第二天上学，我穿上了干干净净的棉裤。记得我在读艾青的长诗《大堰河 我的保姆》，我把大堰河和我的母亲连起来，每次读的时候心里都酸酸的，眼里常出现母亲的身影。

直到母亲病危神志不清时，她经常做的动作是合着眼，手比划着穿针引线，缝补衣服的动作。或者即使睁着眼的时候，也向陪护着的人说："把孩子给我抱来，我瞧瞧。"这是她的幻觉，其实屋里一个小孩都没有。这些行为使儿女们感动又愧疚。让我们更加倍的孝顺。

母亲享年87岁。现在我才深深地体会了那句老话："子欲养而亲不待"。当我们生活好了以后，每个儿女都很孝顺，把能够买到的好吃的东西都要给老人买一些，让她老人家尝尝，但老人已经吃不下了。每天能够点名吃的就是："熬点粥，切几片咸菜。"而今，即使用这些尽孝，都没有机会了。

昨天，我的母亲入土为安了。

她的三个女儿为她雇了吹班儿。吹班儿唱歌的时候，要点唱是需要给钱的。我们的家风非常节俭，但这一次每个儿子、女儿、孙子、孙女都分别点唱了歌。似乎花出这些钱，自己心里才好受些。我点唱了一首《母亲》："你上学的新书包有人给你拿，你雨中的花折伞，有人给你打，你爱吃的三鲜馅，有人给你包，你腮边的泪花有人给你擦……"虽然歌唱的一般，但这歌词让每一个儿女眼泪滂沱。

我在和我爱人恋爱时，我曾和她说过这样的话："在中国妇女身上的所有传统美德，我的母亲都有。"

有人牵挂是一种幸福，能有人可牵挂其实也是一种幸福。母子间的相互牵挂应该是人间最大的幸福了。现在母亲走了，我的牵挂无所依托。

我相信这样一位善良的老人一定会升上天堂。母亲，祝您在天堂过得好。

儿子拜泣。

急就于2011年3月18日上午

感悟老子的哲学

写作背景：随着年龄的增加，经常看一写哲学方面的书籍。看到老子的哲学，有些很有共鸣。择两篇如下。

一

“知白守黑”、“知高守低”、“知阳守阴”，这是老子道德经中关于人的处世哲学。意思是我知道有阳光，但我愿意处在朦胧中；我知道有高位，但我愿意守在低处，我知道有显赫，但我甘愿默默无闻。

进而可以理解为：我可以在高处、在阳光下、在显赫处，但是我不选择。这就是老子“上善若水”的意思。

人不可以没有能力，但要善于雌伏。我能挑100斤的担子，我选择挑80斤。这样就可以游刃有余。如果选择挑100斤，我就竭尽全力了。如果选择挑120斤。即使挑起来了，感觉也会很累。

这里关键要真正参透这几个字：“知”是给人定的能力标准。必需“知”，“知”才可以有选择。如果不“知”，就是不知道吃几碗干饭饱，就没有选择的余地，就会胡来。“守”是对人的要求。要求不要贪大、不要虚荣。

因此我倒觉得，读老子，认真体会，不会令人消极，而是让人能够恰到好处。

二

老子说“上善若水”，诚然。给它热量它可以变成汽，升天。给它冷，它可以结成冰，坚硬无比。它是柔软的，放在圆形的容器里，它就是圆形；放在方形的容器里，它就变成方形。它也是坚硬的，它可以滴穿坚硬的石头。它无力，可以很容易的拦住它不让它前进，但它会默默的积蓄力量，一旦力量足够，它会冲开堤坝，一泻千里；谁对它也没办法，你用刀劈开它，抽出刀以后，它又恢复了原来的姿态，你把刀长期的放在里面，它会让刀锈掉；你抓不住它，你想抓紧它，它会从你的手缝溜走，你离不开它，万物离开了水就会死掉。它不骄傲，它总在低处，从不炫耀。

北关小学·废墟

写作背景：我是2009年底从北关小学调出，没想到2010年暑假时，北关附近要进行运河核心区的改造，整体拆迁。我在那里工作了8年，听此消息，心有戚戚焉。

听说北关小学已经夷为平地。

2010 年9月26日下午，我开车寻访旧址。远远看去，一片荒凉。凭着8年的熟悉，来到了北关小学旧址前面。这哪里还有北关小学的影子？看到的只是一片废墟，不仔细辨认，几不可识。到处堆着教学楼或平房推倒后的土堆砖堆。其间，间或可以看到塑胶操场被埋在瓦砾之中，漏出一小片或红或绿的塑胶，似被压抑得想透口气。唯原大门口的一片竹子在秋风中依然苍翠，昭示着北关小学的位置和原来的存在。我隐隐似乎听到孩子们的读书声和喧闹声，不禁黯然神伤。我的37岁至45岁是在这里度过的，调出不到一年，连寻访的依托都没有了。北关小学连同周围的民房已形成一片废墟，形成一片苍茫。瓦砾场中，远远的有一个人在里面捡拾破烂。还有一个人，就是我，在瑟瑟秋风中伫立，凭吊北关小学，也凭吊自己曾经的岁月。

一切，都被埋在这一片瓦砾之中。

不久，这里将矗立起一座座现代化的高楼大厦。会有宽阔的绿化得很好的大街，会有摩肩接踵的陌生的人流。

我默默地走开了。北关小学，现在，已经变成传说。

听老歌《脚印》

写作背景：2009–2011年，一些上世纪80年代的老歌在社会上流传。现在听来，仍然有心潮澎湃之感。学校正在进行人文素养教育，人文素养教育中“笃志”是我校人文素养的第一要素。写此文以激发老师对理想主义教育的重视。

“洁白的雪花飞满天,白雪覆盖着我的校园,漫步走在这小路上,留下脚印一串串,有的直,有的弯,有的深，有的浅,朋友啊想想看,道路该怎样走,洁白如玉的小路上,该怎样留下脚印一串串”

这是80年代初期的校园歌曲，那时，我“恰同学少年，风华正茂”唱着这首歌，心里有美好的理想和无限的憧憬。

现在人们怀旧，为什么会怀旧，有人说是因为自己老了。我感觉：是自己对现实的不满，理想的缺失或者难以实现。这时会怀念有理想的日子。

我们提高人文素质，首先就是要让学生有理想：

人文素质的第一要义：有理想。理想就是做个对社会有用的人。

当我们回首我们走过的脚印的时候，看看是比较直的，比较深的，这就会在在听到这首歌时有一种自豪感。

现在比较流行的还有一首歌是：《年轻的朋友来相会》，也是充满理想充满憧憬的歌。30年过去了，“回首往事心中可有愧”

我们搞过同学聚会，聚会中间唱起了这首歌，每个人都是那样动情，30年后再相聚，40名同学，有的成为局级干部，处级干部，副处级干部有十几个；有少数投身商海，现在身价千万，还有的仍然留在教育战线，有校长、副校长、主任，有几个人还站在讲台上默默耕耘。其中也有评为特级教师的。每个人都留下了脚印。虽然30年前基本在一个起点走进社会，但是听这首歌时，人人不免欷歔。

有趣的是：在人们眼里成功的，也感慨万千。

但是这不能掩盖理想在人成长中的作用。同学少年时，还是要有理想。因此，《脚印》这首歌，还要让学生唱；毛泽东的“曾记否，到中流击水，浪遏飞舟”还是要背。

四十七岁生日感慨欷歔成韵

本是农家子，自幼识艰辛：
打草溮水岸，砍柴走荒坟。
求学多努力，幸入师范门。
青蛙爬出井，四顾满眼春。

寒窗四年苦，毕业回农村。
教书不辞苦，酬低也安心。
工作四五年，村镇小名人。

地偏朱砂少，红土贵如金。
年龄三十五，忽成掌门人。
深知责任重，不敢掉轻心。
事事多思考，念念不忘恩。
悠悠十余载，天道亦酬勤。

现已近知命，琴弦无响音，
遥见夕阳晚，所幸无愧心。
前途学夸父，拄杖成邓林。

作于2012年1月23日

附录

“笃志、乐群、博学、守信”校训释义

校徽解读

校徽中心的主题图案以南关的首字母“N、G”构成。

蓝色渐变的“N”既是南关的“南”的第一个字母，又代表源远流长的运河水。

红色动态的“G”既是南关的“关”的第一个字母，又呈现出团结合作的两个人。

主题图案整体构成了一轮红日从水面上冉冉升起。

主题图案的寓意为：南关小学的全体教师以“水善利万物而不争”的低调务实的精神，依托运河文化，培养具有合作共享意识的学生。也预示着南关小学必将如红日一样，冉冉升起。

绿色双环代表着希望。

环内中英文的校名代表着开放的情怀。

“笃志、乐群、博学、守信”校训释义

校训是反映学校特点的激励性词语，是全体师生的集体信念的体现，也是一所学校的指导思想、教育观点和教育思想的集中体现。

我校的校训“笃志、乐群、博学、守信”释义。

“笃志”“博学”，最早出自《论语.子张》“博学而笃志，切问而近思，仁在其中矣。”

“笃志”的笃，是专一的意思。志，即志向。即立定志向，坚定不移，始终如一。

“博学”的本意是广泛地学习。我校着重强调“知识基础和能力基础兼优，人文素养和科学素养兼优”。

“乐群”出自《礼记·学记》：“一年视离经辨志，三年视敬业乐群。”我校着重强调既要同学之间融洽相处，又要体现乐于分享、善于合作的素质。

“守信”出自刘歆 《遂初赋》：“求位得位，固其常兮；守信保己，比老彭兮。”我校着重强调学生 保持诚信；遵守信约。

总之，校训八个字的含义归纳起来，就是要有远大的理想，要有广博的学识，要有与人为善的素养，要有诚实的品格。

校训是我校的办学思想和理念的体现，是全体南小人共同信守的准则。

书余唱和（代后记）

致斗垣(张秉文)先生

余因出教育书稿《我的管理三论》，得识斗垣先生。先生对教育书稿所提意见，余多得教益。更蒙抬爱，赐我墨宝。凑数韵以致谢忱。

深惭无健笔，难写钦佩情。
初得识君面，便若老友逢。
感君多才艺，更慕儒雅风。
编辑兼写作，书法亦有成。
赐我以墨宝，禅道气充盈。
赐我以教诲，春雨春风生。
抱憾识君晚，唯愿一生情。

韩华明 2012年4月12日

读韩华明校长《致斗垣(张秉文)先生》步原韵

杏坛一健笔，文章倾真情。
初识韩兄面，仿如友重逢。
执教施才艺，管理承古风。
“三论”扛鼎作，后必大器成。
经验为我宝，入心正气盈。
赏读得教诲，开怀东风生。
相识虽叹晚，书结千载情。

张秉文 2012年4月13日